강유위가 들려주는

대동大同 이야기

강유위가 들려주는
대동大同 이야기

ⓒ 이연도, 2008

초판 1쇄 발행일 2008년 9월 11일
초판 9쇄 발행일 2022년 6월 3일

지은이   이연도
그림   최은화
펴낸이   정은영

펴낸곳   (주)자음과모음
출판등록   2001년 11월 28일 제2001-000259호
주소   10881 경기도 파주시 회동길 325-20
전화   편집부 (02)324-2347, 총무부 (02)325-6047
팩스   편집부 (02)324-2348, 총무부 (02)2648-1311
e-mail   jamoteen@jamobook.com

ISBN 978-89-544-0822-6 (64100)

강유위가 들려주는
대동大同 이야기

이연도 지음

㈜ 자음과모음

책머리에

　인간은 아주 오래전부터 '이상 사회'를 꿈꿔 왔습니다. 여러분은 그리스 신화 중 '판도라의 상자' 이야기를 알고 있나요? '판도라의 상자' 이야기는 우리가 어려움 속에서도 살아갈 수 있는 이유가 오늘보다 나은 내일에 대한 '믿음'이 있기 때문이라고 말합니다. 세상 어느 곳에도 존재하지 않지만 인류가 꿈꾸는 세상 '유토피아'에 대한 얘기는 바로 그러한 '희망'에서 탄생한 것입니다.

　유토피아 사상은 철학에서 중요하게 다루어지는 영역 중의 하나입니다. 플라톤의 《이상국가》, 토마스 모어의 《유토피아》는 이 분야의 대표적인 책이지요. 그 외에도 많은 철학자들이 인류의 꿈과 이상 사회에 대해 많이 생각하고 토론해 왔습니다.

　동양에서도 이상 사회에 대해 이야기한 사상가들이 적지 않습니다. '대동'은 바로 이러한 얘기들을 대표하는 말입니다. 근대에 이르기까지 '대동'은 '고루 잘 사는 사회'를 가리키는 말로 사용되어 왔습니다. 우리나라에서도 농민 혁명이나 민중 봉기가 일어났을 때 많이 사용되었습니다. 서양의 유토피아 사상이 실현될 수 없는 '꿈'을 적었다면, '대동' 사상은 현실적으로 실현 가능한 세계를 추구하고 있습니다.

이 책은 강유위(康有爲, 1858~1927)가 지은《대동서》의 내용을 알기 쉽게 풀어 쓴 것입니다. 강유위는 제자인 양계초(梁啓超, 1873~1929)와 함께 근현대 중국을 대표하는 철학자입니다.《대동서》는 강유위가 보수파를 피해 외국에 망명했을 때 쓴 책입니다. 여기에서 강유위는 중국 '대동' 사상을 서양의 유토피아 사상과 결합해 새롭게 정리하고 있습니다. 그만큼 이 책에는 근대 중국의 역사와 특징이 잘 드러나 있습니다.

중국 대동사상(大同思想)의 핵심은 '모두를 위하는 마음'과 '고루 잘 사는 것'으로 요약할 수 있습니다. '대동' 사회를 구체적으로 묘사한 경전《예기(禮記)》는 다른 사람의 부모나 아이도 내 부모나 자식처럼 대하는 아름다운 사회를 제시하고 있습니다. 고대 중국의 이상향으로 그려진 '대동'은 강유위에게서 구체적인 이상 사회의 모습으로 등장합니다. 강유위는 인간 사회의 모순이 국가나 가족 등 자기 주변만을 생각하는 이기주의에서 비롯된다고 보았습니다.

강유위의 이상은 이러한 경계가 해체된 인류 공동체입니다. 강유위는 전쟁이 발생하게 되는 근본 원인이 국가 간의 경계가 있기 때문이라고 봅니다. 그래서 《대동서》는 국가를 없애고, 전 인류가 한 울타리에서 생활하는 세계 공공정부를 제안합니다. 또한 사회 모순 대부분이 가족주의에서 비롯되었다며, 가족을 해체할 것을 주장합니다. 한 세기가 지난 지금 들어도 깜짝 놀랄 만한 얘기가 아닐 수 없습니다. 물론 이런 주장들은 현실과 많은 차이가 있는 말입니다. 그렇지만 오늘날 우리 사회에 만연해 있는 개인주의나 가족 이기주의를 되새겨 보며 느끼는 점이 적지 않습니다. '대동'의 꿈은 나 혼자의 이익 보다는 우리 모두가 함께 누릴 수 있는 행복을 추구하는 것입니다. 비록 그 꿈이 어렵고 힘들더라도, 포기할 수 없는 그 '이상'의 꿈이 오늘 우리를 지탱해 나갑니다.

    이 책은 이제 막 말문을 떼기 시작한 아들 우빈이를 생각하며 쓴 것입니다. 앞으로 이 아이가 살게 될 세상이 오늘보다 더 나은 모습이 되기를 희망합니다.

2008년 9월

이연도

C O N T E N T S

프롤로그

　나는 우리 집 왕자입니다. 아빠, 엄마가 형을 낳은 지 10년이 지나서 겨우 얻은 늦둥이기 때문이지요. 아빠와 엄마는 내가 태어나기를 오랫동안 바랐다고 해요. 그래서 내가 태어났을 때 너무너무 기뻐서 울기까지 했다는군요.

　그런 말을 들을 때면 나는 어깨가 으쓱해지기도 하고 기분이 이상야릇해져요.

　가끔 형은 옛날 일을 이야기하기도 한답니다.

　"와, 우리 세정이, 정말 많이 컸어. 네가 아기였을 때 이 형이 많이 봐 주었는데. 기저귀도 갈아 주고, 분유도 타 주고, 안아 주기도 하고⋯⋯ 그 조그맣던 아기가 이렇게 큰 걸 보니까 마음이 뿌듯하다."

　"형, 형은 내가 태어났을 때 생각나?"

　형은 짐짓 심각한 얼굴로 대답했어요.

　"그럼, 생각나고말고. 그때 내 나이가 지금의 네 나이하고 같았거든.

병원에 가서 너를 처음 보았는데 얼마나 새빨갛고 못생겼던지, 그래서 무척 실망했었지. 그때에 비하면 지금은 아주 용 된 거야."

그 말을 들으니 기분이 나빠졌어요.

"갓난아기가 다 그렇지 뭐. 형은 아기 때 예뻤어? 나도 형이 아기였을 때 사진 보니까 되게 못생겼더라."

"누가 뭐래? 어쨌든 너를 처음 봤을 때, 내 솔직한 마음은 그랬다는 거지."

가끔 형은 약 올리는 말을 할 때가 있어요. 그리고 내가 컴퓨터 게임을 하고 있거나 공부를 하고 있을 때 살금살금 다가와서 겨드랑이나 발가락을 간질이는 장난도 자주 한답니다.

그렇지만 나는 형이 참 좋아요. 형은 키도 크고 얼굴도 잘생겼거든요. 지금은 교육대학교에 다니는 학생인데 학교를 졸업하면 초등학교 선생님이 된다고 해요. 그래서인지 공부도 열심히 하고 내 또래의 아이들을 무척 귀여워하지요.

형이 우리 선생님 같은 사람이 된다는 사실을 생각하면 신기하기도 하고 자랑스럽기도 해요.

솔직히 말해서 나는 아빠, 엄마와 다니는 것보다 형과 함께 다니는 게 더 좋아요. 아빠와 엄마는 나를 위해 뭐든지 해 주지만 사실 같이 다니기에는 부담스러울 때가 많거든요.

"손자예요? 이렇게 큰 손자가 있어요?"

사람들은 나를 아빠, 엄마의 손자로 생각할 때가 많아요. 아빠 나이가 예순 살이고, 엄마의 나이도 쉰다섯 살이니 그렇게 생각할 수도 있을 거예요.

"아니, 제 막내아들입니다. 조금 늦게 보았지요."

아빠가 너털웃음을 터뜨리며 말하면 사람들은 그제야 고개를 끄덕입니다.

"아, 늦둥이군요. 얼마나 귀여우시겠어요?"

그럴 때면 내 기분은 울적해집니다. 하루 이틀도 아니고 수시로 그런 얘기를 듣다 보면 짜증이 날 때도 있어요. 그리고 나도 내 친구들처럼 젊은 아빠와 엄마가 있었으면 얼마나 좋을까 하는 생각이 저절로 든답니다.

하지만 형과 다닐 때에는 자랑스럽고 든든해요. 내 친구들 중에 나처럼 큰 형을 둔 아이는 없거든요. 더구나 우리 형은 나중에 선생님이 될 사람 아닌가요?

형은 나에게 있어서 친구 같고 선생님 같은 존재랍니다. 같이 놀아 주기도 하고 공부도 가르쳐 주거든요. 가끔 내가 버릇없는 행동을 하거나

거짓말을 하면 엎드려뻗쳐 같은 기합을 주기는 하지만 말이에요.

　나에게 가족 중에 누가 가장 좋으냐고 묻는다면 나는 조금도 망설이지 않고 이렇게 대답할 거예요.

　"형이요!"

전쟁 그리고 평화

 푸른 하늘 넓은 땅이 커다란 도살장이며, 커다란 감옥에 불과할
뿐인 것이다.

― 강유위, 《대동서》

1 내 꿈은 파일럿

"우와, 멋있다!"

나는 텔레비전을 보면서 나도 모르게 탄성을 질렀어요. 다큐멘터리 프로그램을 보고 있는데 하늘을 가르며 공중 곡예를 펼치는 전투기의 모습이 보인 거예요. 웅장한 소리를 내며 하늘을 나는 전투기가 어찌나 멋지던지!

'그래, 나도 어서 커서 꼭 저런 전투기를 모는 파일럿이 되어야지!'

나의 장래 희망은 언제부터인가 파일럿으로 굳어졌어요. 얼마 전까지만 해도 사람들이 장래 희망이 뭐냐고 물으면 '비행기 조종사'라고 대답했는데, 이제 5학년이 되고 보니 '파일럿'이라고 대답하게 되더라고요. '비행기 조종사'라는 말보다는 '파일럿'이라고 하는 게 훨씬 근사해 보였으니까요.

엄마 말씀에 의하면 나는 어려서부터 장난감 중에서도 비행기를 특히 좋아했다는군요. 지금도 내 방에는 세 살 때인가 아빠가 사 준 모형 비행기가 여기저기 부서진 상처를 안고 책장 한쪽에 자리를 차지하고 있어요.

그러던 내가 파일럿의 꿈을 안게 된 결정적인 계기가 있었어요. 몇 년 전에 우연히 이모네 집에 갔다가 마침 휴가를 나온 사촌형을 보게 되었어요. 사촌형은 공군사관학교에 다니는 생도였는데, 외출을 하느라 학교 제복을 입고 있었지요. 그 모습을 보는 순간 눈이 부셨어요.

'와, 우리 사촌형 멋있다.'

그때까지만 해도 나는 사촌형이 어떤 사람인지 잘 몰랐어요. 알고 보니 사촌형은 나중에 공군 장교, 그 중에서도 전투기를 모는 파일럿이 된다는 거예요. 그때부터 내 장래 희망을 파일럿으로 정

한 거랍니다.

내 취미는 모형 비행기를 조립하는 거예요. 파일럿을 장래 희망으로 삼고 있는 내게 참 잘 어울리는 취미지요.

내가 요즘 관심을 갖고 있는 기종은 전투기 시리즈예요. 한국 공군의 차세대 전투기인 F-16이나 미국의 스텔스기, 프랑스의 라팔기, 러시아의 미그기들 말이에요.

모형 전투기는 일반 비행기에 비해 모양이 날렵해요. 그리고 전투기 날개 아래 미사일의 위엄 있는 모습이 훨씬 세련되어 보인답니다.

가끔 친척 어른들이나 아빠 친구 분들이 와서 용돈이라도 주는 날은 내가 새로운 모형 전투기를 사는 날이에요. 그럴 때면 예전부터 마음에 두고 있었던 모형 전투기를 사러 전문 매장을 찾아가지요.

어제 고모가 우리 집에 들렀다가 모처럼 내게 용돈을 쥐어 주셨어요. 나에게는 오랫동안 사고 싶었던 모형 스텔스기를 살 수 있는 절호의 기회였지요. 나는 텔레비전을 보고 난 후에 전문 매장으로 달려갔어요.

모형 비행기를 조립하는 일은 결코 쉽지 않아요. 더군다나 모형 전투기의 경우에는 여러 부속품들이 달려 있어서 일반 비행기를 조립하는 데 비해 훨씬 높은 기술과 집중력을 필요로 해요. 하지만 나는 이미 '아파치' 헬리콥터나 'F-16A' 등을 만들어 본 경험이 있어요. 아직 'F-117A' 시리즈를 만들기에는 벅찬 느낌이 있지만, 스텔스기 정도는 충분히 만들 실력이 된답니다.

내게 있어서 모형 비행기를 조립하는 것은 그 어떤 놀이보다 재미있는 일이에요. 그러나 컴퓨터 게임을 즐겨 하는 친구들에게는 비행기 조립이 꽤 어려워 보이는 모양이에요.

"야, 그게 그렇게 재미있니? 나는 보기만 해도 정말 머리가 다 어지럽다."

가장 친한 친구인 영민이도 간혹 이렇게 물어보는 걸 보면 다른 애들은 말할 필요도 없을 거예요. 그렇지만 그건 그 친구들이 어려운 조립 과정을 거쳐 작품을 완성했을 때 느끼는 즐거움을 모르기 때문에 하는 말이에요. 며칠 동안 힘들여 모형 전투기를 조립하고 난 후 완성품을 볼 때의 느낌을 어떻게 표현해야 할까요? 마치 내가 전투기의 조종실에 앉아 있는 것과 같아요. 아, 그때의 날아오를 것만 같은 뿌듯함이란!

며칠 동안 시간을 쪼개며 애쓴 끝에 스텔스기의 조립을 마친

날, 나는 형이 돌아오기를 기다렸어요. 엄마에게 이미 자랑하기는 했지만 역시 이런 건 형과 이야기가 통하거든요.

엄마는 파일럿이 되겠다는 나의 장래 희망에는 찬성하지만 모형 비행기를 만드는 취미는 별로 탐탁지 않은가 봐요. 우선 비행기 부속품으로 방 안이 어지럽혀지는 게 싫고, 본드 냄새가 집 안에 진동하는 것이 못마땅하시대요. 그러나 무엇보다도 가장 큰 원인은 모형 비행기의 가격이 그리 만만치 않다는 데에 있는 것 같아요.

이에 비해 형은 나와 뜻이 잘 통하고 내 의견을 많이 존중해 주는 편이에요. 그런데 그날 이루어진 형과의 대화는 내 생각과 전혀 다른 방향으로 진행되었어요.

2 전쟁은 왜 일어날까?

저녁에 형이 집에 오기가 무섭게 나는 형에게 스텔스기를 보여 주며 자랑스럽게 말을 꺼냈어요.

"형, 이것 봐."

"야, 이거 멋있는데! 네가 만들었니?"

형은 자리에 앉으며 스텔스기를 자세히 들여다보았어요.

"응, 이게 바로 스텔스기야. 레이더에 걸리지 않는다고 해서 '그림자 전폭기'라는 별명이 붙어 있대. 미국이 이라크와의 전쟁에서 쉽게 이긴 것도 이 스텔스기 덕분이래. 그야말로 세계 최고의 전투기지."

나는 전투기에 대해서는 형보다 더 상식이 풍부한 편이에요. 그래서 이때다 싶어 신나게 스텔스기의 성능에 대해서 이야기를 늘어놓았어요. 그런데 이상한 일이지요. 내 얘기를 듣는 형의 표정이 별로 밝지 않은 거예요. 무슨 심각한 생각이라도 하고 있는 것 같았어요.

나는 슬그머니 이야기를 멈췄어요. 물끄러미 내 얼굴을 바라보던 형이 말했어요.

"세정아, 오늘은 형이 너와 좀 진지한 얘기를 하고 싶어."

나는 영문을 몰라서 형의 얼굴만 뚫어지게 쳐다보았어요. 그리고 형에게서 무슨 이야기가 나올지 기다리고 있었지요.

"우선 이렇게 훌륭한 작품을 만든 것은 칭찬받을 만한 일이야. 참 수고했다. 멋있게 만들었구나."

형의 말에 잔뜩 긴장하고 있던 내 마음에 금세 햇살이 찾아들었어요. 내 얼굴에는 저절로 웃음이 번졌지요. 그런데 이어지는 형의 질문은 조금 의외였어요.

"그런데 이 비행기는 무엇에 쓰는 거지?"

나는 잠시 할 말을 잃었어요.

'아니, 형이 스텔스기를 처음 보나? 전폭기가 하는 일이 뭐겠어. 멋지게 적의 레이더망을 피해, 군사시설이나 기지를 폭격하는 거지.'

나의 마음을 눈치 챈 듯 형은 빙그레 웃었어요.

"내가 알기로 스텔스기는 적의 레이더망을 피해 적의 군사시설이나 중요한 기관을 폭격하는 임무를 갖고 있지. 그런데 이 비행기가 떨어뜨린 폭탄이 전쟁과 상관없는 건물들을 파괴하지는 않을까? 그리고 군인이 아닌 민간인을 죽이는 일이 생기진 않을까?"

여태까지 나는 그런 구체적인 생각을 해본 적은 없었어요. 전투기의 막강한 성능에만 관심을 기울였기 때문이지요. 그런데 형의 이야기를 듣고 보니 그런 문제도 있겠구나 하는 생각이 들었어요.

"전쟁을 하다 보면 일반인이 사용하는 건물이 파괴될 수도 있겠지. 말 그대로 전쟁이잖아? 그렇지만 스텔스기에는 최첨단의 전자 장치가 달려 있어. 그래서 군사시설만 골라서 폭파시킬 수도 있대. 그래서 군인이 아닌 사람들이 희생되는 경우는 거의 없대. 형도 봤잖아? 지난번 이라크 전쟁에서 미사일이 목표했던 건물을 정확하게 맞추는 장면 말이야. 요즘 나오는 것들은 그때보다도 훨씬 성능이 좋아졌어."

"그래? 그럼 나도 텔레비전 뉴스에 나온 사실을 들어 네게 물어보자. 얼마 전 미군의 잘못된 폭격으로 크게 다친 이라크 어린이 봤지? 그건 왜 그럴까? 네 말대로 전투기의 성능이 크게 발달했다는데, 왜 군사시설이 아닌 민간인이 사는 아파트가 파괴되었지? 그리고 어른도 아닌 어린이가 왜 다쳤지?"

그 장면은 나도 본 적이 있어요. 지금 생각해도 참으로 끔찍한 일이었지요. 내 또래의 어린이들이 어른들의 전쟁 때문에 희생된 것이 얼마나 가슴 아프고 불쌍했는지 몰라요. 내 말투는 점점 자신이 없어졌어요.

"그거야 최첨단 전투기도 가끔 실수를 할 때도 있어서 그렇겠지……. 또 민간인이 사는 아파트에 나쁜 사람들이 숨어 있을 수도 있으니까. 안타까운 일이긴 하지만 전쟁이 나면 때로는 어쩔 수 없는 희생도 생기기 마련이잖아? 이것저것 사정 다 봐주면서 어떻게 전쟁을 해?"

내가 생각해도 내 말은 앞뒤가 맞지 않았어요. 하지만 형한테 괜히 지는 것 같아서 끝까지 내 주장을 내세운 거예요. 그런데도 형은 집요하게 질문했어요.

"그래, 그럼 전쟁은 왜 하는 거지?"

"전쟁을 왜 하느냐고?"

나는 형이 무슨 의도로 이런 질문을 하는지 짐작할 수가 없었어요. 그래서 내가 아는 한도 내에서 대답했어요.

"그야 자기 나라를 안전하게 지키기 위해서 하는 거지. 나쁜 사람들이 자기 나라를 공격하니까 국민을 보호하기 위해 전쟁을 하는 거야. 그래야 나쁜 사람들이 다시는 덤비지 않을 거 아냐?"

"이 얘기를 시작하려면 너무 많은 얘기를 해야 할 것 같아. 이야기의 방향을 바꿔서 생각해 볼까? 세정아, 우리가 사는 이 세상에서 전쟁은 꼭 필요한 걸까?"

어째 이야기 내용이 점점 심각해지는 것 같았어요.

"전쟁을 안 할 수만 있다면 당연히 좋지. 그렇지만 세상은 꼭 우리 뜻대로 되지만은 않잖아? 우리가 가만히 있어도 우리를 자꾸 괴롭히면 맞서서 싸워야 하니까. 우리나라의 경우도 그렇잖아?"

나는 마른침을 삼켰어요. 우리나라 이야기가 나오자 울분을 느꼈던 거예요.

"일본은 우리를 36년 동안이나 억지로 지배하면서 못된 짓을 많이 했어. 중국도 여러 번 우리를 괴롭혔고, 요즘도 고구려를 자기네가 세웠다는 둥, 우리의 문화재를 자기네 것이라는 둥 얼마나 억지를 부려?"

나는 주먹 쥔 손을 부르르 떨었어요.

"그게 다 우리나라를 무시해서 하는 행동이라고 생각해. 그러니까 나라가 그런 무시를 당하지 않으려면 때로는 전쟁도 필요하다고 봐."

"그래, 네 말이 맞아. 다른 나라가 우리나라를 괴롭히지 못하게 하기 위해서는 우리의 힘을 길러야겠지. 그리고 우리가 아무런 잘못을 저지르지 않았는데 상대국이 우리를 괴롭히면 당연히 그에 맞서 싸워야겠지. 나도 그것이 잘못이라고 생각하진 않아. 다만 내가 말하고 싶은 것은 '이 세상에서 전쟁을 피할 방법은 없는가' 하는 거야."

"글쎄, 내 생각에는 지구에 나라들이 존재하는 한 전쟁은 피할 수 없을 것 같아. 그런데 나라들이 존재하니 전쟁이 없어진다는 건 불가능한 일이라고 생각해."

순간 형의 입가에 미소가 감돌았어요.

"그렇지. 내가 하고 싶은 이야기를 세정이가 먼저 해 주었구나.

세정아, 우리는 왜 전쟁을 어쩔 수 없는 것이라고 생각하는 걸까? 전쟁이 벌어지면 엄청난 사람들이 한순간에 자신이 살던 집과 가족, 그리고 사랑하는 사람들을 잃는 고통을 겪어야 하잖아."

형은 내 얼굴을 똑바로 쳐다보며 단호하게 말했어요.

"네 말대로 각기 다른 나라가 있기 때문이지. 그렇다면 그 '나라'를 없애 버리면 전쟁이 일어나지 않겠네? 안 그래?"

나는 형의 말을 듣는 순간 약간 멍한 느낌이 들었어요.

'아니, 형이 도대체 무슨 말을 하고 있는 거지? 나라를 없앤다니, 그게 무슨 말도 안 되는 소리야. 그럼 '대한민국'이나 '미국', '일본'이 없어진다는 말이야? 그럼 세상이 어떻게 되는 건데?'

한꺼번에 여러 의문들이 머릿속에서 소용돌이쳤어요.

"에이, 형. 어떻게 나라를 없앨 수 있어? 그런 말도 안 되는 소리는 하지도 마."

"말도 안 되는 소리라고? 너는 그렇게 생각할지 모르지만 이런 말도 안 되는 소리를 한 사람이 여러 명 있단다. 그리고 이런 내용을 자세히 써서 책으로 만들기도 했지."

"으응?"

처음 듣는 말에 내 입이 저절로 벌어졌어요.

"그뿐만이 아니야. 더 놀라운 사실은 꽤 많은 사람들이 그 얘기에 공감했다는 거야. 그 사람들은 오히려 전쟁과 같은 야만적인 행위가 여전히 지구상에 존재하는 걸 더 '말이 안 되는 소리'라고 여긴단다."

"그게 정말이야?"

나는 도저히 믿을 수가 없어서 다시 물었어요.

"정말 그런 사람들이 있어? 도대체 어떤 사람들이지?"

"모든 사람들이 꿈꾸는 이상 사회, 어떤 괴로움이나 고통도 없는 사회, 기쁨과 행복만이 가득한 사회를 바라는 사람들이지. 혹시 '유토피아'라고 들어 봤니?"

"유토피아?"

나는 고개를 갸웃거렸어요. 언젠가 들어본 말 같기도 한데 그 내용에 대해서는 어슴푸레했어요.

"유토피아란 '어디에도 존재하지는 않는 곳'이라는 뜻을 갖고 있는 말이란다. 말이 좀 어렵지? 쉽게 말하면 유토피아는 현실 세계에는 존재하지 않는 '상상의 세계'를 상징하는 거야. 그리고 그 상상의 세계에서 펼쳐지는 모습들은 사람들이 오래전부터 꿈꾸고 있었던 것들이지."

"유토피아…… 상상의 세계……."

나는 형이 한 이야기를 가만히 되뇌어 보았어요.

"토마스 모어란 서양 철학자가 제일 처음으로 이런 생각을 담은 책을 썼는데 그게 바로 《유토피아》란 책이야. 이 책이 나오고 나서, 예전에는 분명하지 않게 생각되었던 그런 꿈같은 세상에 대한 생각들을 묶어서 '유토피아 사상'이라고 부르지."

"그런데 그건 서양 사람들이 생각한 거잖아. 너무 터무니없는 것 같은데?"

"아니야, 서양에서만 있었던 생각은 아니야. 우리나라와 중국, 일본에도 이런 생각을 가진 사람들이 있었어. 이런 생각을 동양에서는 '대동사상'이라고 부르지."

정말 놀라운 일이었어요. 그렇게 터무니없는 생각을 한 나라도 아니고 여러 나라에서 했다니 말이에요.

형이 이야기를 계속했어요.

"아까 내가 말한 '전쟁이 일어나지 않기 위해서는 나라가 없어져야 한다'는 주장도 바로 이 대동사상에서 나온 말이야. 좀 더 구체적으로 말하면 강유위란 중국의 철학자가 《대동서》란 책에서 얘기한 거란다."

"강유위? 대동서?"

유토피아란 말도 어려운데, '대동서'란 말은 더 어려운 말이었어요. 강유위는 또 누구일까요? 어쨌든 나라를 없애자는 얘기를 한 걸 보면, 뭔가 황당한 생각을 한 사람 같았어요.

그런데 다시 곰곰이 생각해 보니 완전히 틀린 말이라고 할 수도 없었어요. 전쟁이란 게 나라와 나라 사이에 갈등이나 이익 때문에 생기는 것이니, 나라를 없애버리면 전쟁은 당연히 없어질 것 같기도 했거든요.

그렇지만 아무리 생각해도 나라를 없앤다는 게 영 꺼림칙했어요. 그럼 월드컵이나 올림픽도 없어질 테고, '대—한민국'을 외치면서 신나게 응원하는 일도 없어질 테니까 말이에요.

"오늘은 여기까지 할까? 나도 이젠 쉬어야 하고, 너도 내일 학교에 일찍 가려면 지금쯤 잠자리에 들어야겠구나."

"알았어. 오늘 못한 얘기는 다음에 다시 해."

나는 오늘의 대화에 흥미진진함을 느끼고 이렇게 말했어요. 모처럼 재미있는 대화거리를 찾은 기분이 들었어요.

3 만약에 나라가 없어진다면?

다음 날 점심시간에 나는 영민이와 밥을 먹으면서 어제 형에게서 들었던 이야기를 들려주었어요. 내가 처음에 그랬듯이 영민이도 내 이야기를 듣자마자 어처구니없다는 표정을 지었어요.

"뭐! 나라를 없앤다고? 그런 엉터리 같은 말이 어디 있어?"

"나도 처음에는 믿기지 않았는데 우리 형이 그랬어. 전쟁이 일어나지 않게 하기 위해서 나라를 없애자는 주장을 한 사람들이 있었대. 그것도 보통 사람들이 아니라, 유명한 책을 쓴 사람들이래.

더군다나 그런 얘기를 서양뿐만 아니라 중국이나 우리나라에서도 한 사람들이 있었대."

"그 사람들이 누군데?"

"응. 토마스 모어란 철학자가《유토피아》란 책에서 그런 얘기를 했었대. 중국에서는 강유위란 사람이《대동서》라는 책에서 그런 얘기를 했고."

"유토피아? 그게 뭐야?"

"유토피아는 '아무 데도 존재하지 않는 곳'이라는 뜻이래. 그러니까 우리가 살고 있는 현실에서는 존재하지 않는 곳이지. 우리가 바라는 건 무엇이건 다 할 수 있고, 모두가 행복할 수 있는 세계를 가리키는 말이래."

"그럼《대동서》는 뭐야?"

영민이의 질문은 꼬리에 꼬리를 물고 이어졌어요.

"《대동서》는 강유위가 대동에 대해 설명한 책인가 봐. 그 책에서도 비슷한 주장을 했대. 서양에서 '유토피아'가 인간이 꿈꾸는 세계를 가리키는 말이라면, 동양에서는 '대동'이 바로 그런 세상을 가리키는 말이래."

"대동? 한자로는 어떻게 쓰지?"

영민이는 어렸을 때부터 서예를 배워서인지 한문에까지 관심을 보였어요. 사실 영민이는 또래들에 비해 한문 실력이 뛰어난 편이에요. 그래서 다른 아이들이 모르는 한자도 척척 알아맞힐 뿐만 아니라 방학 때면 자신이 다니는 서예 학원에서 여는 전시회에 작품을 내놓기도 했어요. 얼마 전 치른 한자능력시험에서 우리 반에서는 유일하게 4급을 따서 선생님한테 칭찬을 받기도 했지요.

"한자를 알면 뜻을 대충 알 수 있거든? 내 생각에 '대'는 '큰 대' 자를 쓸 것 같고…… '동'은 무슨 '동'일까?"

영민이의 질문에 나는 고개를 갸웃했어요. 그러고 보니 형에게 '대동'을 한자로는 어떻게 쓰는지 물어보는 걸 깜박 잊었네요.

그때 종호가 대화에 불쑥 끼어들었어요.

"야! 너희 이야기 아까부터 다 들었는데, 그 사람들 정신 나간 사람들인 것 같아. 나라를 없애자니, 그게 말이 되는 소리야? 그 사람들 다 감옥에 가야 할 사람들이네. 우리가 이렇게 잘 사는 것도 다 나라가 있기 때문이야. 군인 아저씨들이 열심히 훈련하는 것도 모두 우리나라를 지키기 위해서이고."

종호는 어제 내가 형의 말을 들으면서 했던 생각을 그대로 따져 물었어요. 하지만 나는 종호의 이야기를 순수한 질문으로 받아들

일 수가 없었어요. 종호는 오로지 내게 트집을 잡고 내 말을 반대하기 위해서 우리들의 대화에 끼어들었다는 생각이 든 거예요.

종호는 내게 감정이 좋지 않아요. 반장 선거에서 나한테 몇 표 차이로 진 후부터 그런 분위기를 느꼈지요. 괜히 내 말이나 태도에 시비를 거는 일도 종종 있었어요.

친구들끼리 사이좋게 지내야 한다는 건 잘 알지만 나한테 나쁜 감정이 있는 사람한테 좋은 마음이 들 수는 없어요. 하긴 늘 잘난 척하고 다른 사람에게 양보할 줄 모르는 종호를 싫어하는 건 비단 나뿐만은 아닐 거예요.

나는 종호에게 이렇게 쏘아붙였어요.

"토마스 모어나 강유위 모두 유명한 철학자들이야. 우리나라에서도 그분들 책이 만들어져 나와 있대. 뭔가 옳은 점이 있는 주장이니까 책으로도 나온 것 아니겠니? 모르면 잠자코 있어."

나의 퉁명스러운 대꾸에 종호의 얼굴이 금세 벌겋게 달아올랐어요. 마치 잘 익은 토마토 같았어요. 그 모습을 본 나는 속으로 아차 싶었지만 이미 엎질러진 물이었어요.

종호도 지지 않고 따졌어요.

"좋아. 그럼 잘 아는 네가 한번 설명해 봐. 나라가 없어지면 어떻게 되는 건데? 그럼 우리나라, 미국, 중국, 일본도 다 없어진다는 얘기네? 그러면 대통령 아저씨도 없어지고 태극기도 없어진다는 거야?"

따발총처럼 쏟아지는 종호의 질문에 나는 겉으로는 태연한 척했지만 속으로는 뜨끔했어요. 종호가 퍼부어 대는 그 질문들은 사실 내가 형에게 물어보고 싶었던 것이었기 때문이에요. 그러나 그런 마음을 보여서는 안 돼요. 이럴 때는 내가 확실하게 알고 있는 대답만 해야 상대방에게 지지 않거든요.

"글쎄, 자세한 건 더 알아봐야겠지만 이거 하나만은 분명한 사실이야. 나라가 없어지면 적어도 전쟁은 일어나지 않아."

"뭐라고?"

"너도 생각해 봐. 전쟁이 왜 일어나니? 나라와 나라끼리 서로 땅이나 지하자원 같은 걸 뺏으려고 하는 거잖아. 그런데 나라가 없어져 버리면 각자 싸울 대상이나 이유가 없어지니까 전쟁은 일어나지 않겠지."

순간 종호의 얼굴은 뾰족한 무언가에 찔린 듯 멍해졌어요. 전혀 예상하지 못한 대답이 나왔다는 표정이었어요. 스스로 생각해도 썩 잘한 대답인 것 같았어요. 이왕 이렇게 된 김에 확실하게 쐐기를 박아 둘 필요가 있었어요.

"강유위가 나라를 없애자는 주장을 하게 된 가장 큰 이유가 바로 전쟁을 막기 위해서래. 어쩌다 비행기 사고 같은 게 나면 사람이 많이 죽잖아? 그런데 전쟁이 일어나면 그보다 수백 배, 수천 배의 사람이 죽게 된다고."

나는 이야기를 하면서 종호의 얼굴을 뚫어지게 보았어요. 종호는 내 말에 꼬투리를 잡을 게 없나 해서 신경을 곤두세우고 있는 듯 보였어요.

"가까운 예로 우리나라만 해도 한국전쟁 때 얼마나 많은 사람들이 죽었니? 1차, 2차 세계대전 때도 그렇고……. 언젠가 수업 시간에 선생님께서도 그러셨어. 이 세상에서 가장 무서운 일은 전쟁이라고. 요즘도 이라크나 아프리카에서 벌어지는 전쟁 소식들이 얼마나 끔찍하니?"

하지만 종호도 쉽게 물러서지 않았어요.

"아무리 전쟁을 막기 위한 것이지만 나라를 없앤다는 건 너무 황당한 생각 같아. 그게 가능하겠어? 그야말로 잠꼬대 같은 얘기지 않아?"

"야야! 그만하자. 이러다 싸움 나겠다. 그리고 세정아, 아까 내가 '대동'을 한자로 어떻게 쓰는지 물어봤었는데?"

아무래도 종호와 나의 말싸움이 점점 심해지는 것 같았는지 영민이가 은근슬쩍 말머리를 돌리려고 했어요. 나는 솔직하게 털어놓았어요.

"응, 사실 그건 나도 형한테 물어보지 않아서 잘 모르겠어. 물어본 다음에 알려줄게."

"피, 자기도 잘 모르면서 아는 척 하기는. 그런데 강유위라는 사람은 언제 태어난 사람이라니? 혹시 나라가 생기기도 전에 태어나서 나라가 무엇인지도 모르는 거 아냐?"

다시 종호가 비아냥거리기 시작했어요. 그러고 보니 강유위가 누구인지 나도 잘 모르고 있는 상태였어요. 나는 얼른 화제를 돌렸어요.

"자세한 얘기는 다음에 다시 하자. 어차피 나도 형에게 들은 내용이 얼마 없어서 거기까지밖에 몰라."

얘기는 여기에서 마무리되었지만 내 머릿속은 혼란스러웠어요. 이래서 '아는 게 힘'이라는 말이 생긴 모양이에요. 내가 많은 내용을 알고 있었다면 종호나 다른 친구들한테 더 자신 있게 설명해 줄 수 있었을 거예요.

'하긴 나도 이렇게 갈피를 못 잡겠는데 다른 친구들은 오죽하겠어?'

그러고 보면 종호 같은 친구도 필요한 것 같아요. 모든 사람이 자기와 의견이 같다면 세상은 너무 단조로워질 거예요. 하지만 이렇게 말을 주고받다 보면 내 말에 더욱 논리가 갖추어지는 경우를 종종 확인하게 된답니다. 그런 점에서 종호는 나를 소리 없이 도와주는 스승인 셈이지요. 물론 그 친구는 내가 그렇게 생각하는 걸 싫어하겠지만…….

4 아빠를 무시하지 마!

그날, 나는 형이 올 때만 기다렸지만 형은 늦게까지 오지 않았어요.

'대동에 대한 이야기를 마저 들어야 하는데…….'

나는 조바심을 내며 기다리다가 형의 휴대폰으로 전화를 걸어 보았어요.

"어, 세정이니?"

형의 목소리가 수화기 너머로 들려왔어요.

"형, 왜 이렇게 늦어?"

"왜? 나를 기다리고 있었니?"

형은 어제 일을 까맣게 잊어버린 것 같았어요.

"형, 까마귀 고기 먹었어? 어제 하다 만 이야기 있었잖아. 그 이야기를 마저 들으려고 했더니……."

"아, 대동 이야기? 세정아, 그건 당분간 어렵겠는데?"

"왜?"

"형이 일이 있어서 며칠은 늦게 들어올 것 같아."

"몇 시에 올 건데?"

"많이 늦어. 열한 시나 되어야 가게 될 것 같다."

형 말대로 열한 시면 너무 늦은 시간이에요. 엄마와 아빠는 밤열 시면 반드시 잠자리에 들도록 하기 때문에 형이 올 때까지 잠을 안 잘 수는 없었지요.

저녁을 먹고 있는데 아빠가 나에게 물었어요.

"아까 우정이한테 전화 거는 것 같던데 무슨 일 있니?"

"아니에요. 좀 물어볼 게 있었어요."

"뭔데?"

나는 아빠한테 물어봤자 소용이 없을 거라고 생각했어요. 그래서 시큰둥하게 대꾸했어요.

"아빠는 모르실 거예요. 나중에 형한테 물어볼래요."

"어허, 이 녀석이 아빠를 무시하네? 일단 말이나 해 봐. 아빠가 아는 얘기인지도 모르잖아."

아빠는 조금 서운한 표정이 되었어요.

"강유위에 대해 아세요?"

나는 별 기대를 하지 않고 질문을 던졌어요.

"강유위?"

아빠는 조금 생각하더니 선뜻 대답하는 것이었어요.

"대동사상을 주장한 중국의 학자 아니냐?"

"어? 아빠도 알고 계셨어요?"

나는 신기한 생각이 들었어요. 아빠가 그런 어려운 내용을 알고 있다는 게 믿어지지 않았으니까요.

"세정아, 아빠 무시하지 마. 아빠가 얼마나 책과 신문을 많이 보는데 그런 걸 모르겠니?"

옆에 있던 엄마도 아빠 편을 드셨어요.

"그래도 너무 어려운 얘기라서 아빠는 모를 줄 알았어요. 그럼 '대동'을 한자로는 어떻게 써요?"

"'클 대(大)'에 '같을 동(同)'이지."

나는 얼른 한자를 머릿속에 그려 보았어요. 그렇다면 '大同'이네요. 한자로는 참 쉽다는 생각이 들었어요.

"그러면 대동이라는 게 무슨 뜻이에요? '크게 같음'이라니요?"

"사람들이 서로를 배려해 주고 자기 욕심만 채우지 말자는 게 '대동'의 뜻이지. 그러니까 우리 모두 커다란 공동체에서 하나가 되자는 게 대동의 정신이야."

"아, 그렇군요."

나는 고개를 끄덕였어요. 나날이 각박해지는 현대사회에서 정말 필요한 사상이라는 생각이 들었기 때문이에요.

아빠가 다시 말을 이었어요.

"그런데 원래 '대동사상'이라는 게 어느 날 갑자기 강유위에게서 불쑥 나온 새로운 사상이 아니란다. 아주 오래전, 그러니까 수천 년 전부터 동양에서 추구되었던 이상적인 사상이었지."

"예? 수천 년이나 되었다고요?"

나는 깜짝 놀랐어요. 나로서는 처음 듣는 말이었는데, 자그마치 수천 년의 역사를 지닌 사상이라는 게 참으로 놀라웠던 거예요.

"음, 대동사상은 동양의 옛 경전인 《예기(禮記)》에 처음 등장한 말이었어. 자기 자신만을 위하는 것이 아니라 모든 사람이 서로 따뜻하게 보살피는 사회를 만들자는 사상이었지. 그러니까 강유위가 주장했던 대동사상과 맥락을 같이하는 거야."

"아빠, 그러면 강유위는 어느 시대 사람이었어요?"

나는 문득 종호가 하던 말이 떠올라서 물었어요. 종호는 강유위가 나라도 없는 시대에 태어나서 '나라' 자체가 뭔지를 모르는 사람 아니었냐고 비아냥거렸거든요.

"강유위는 그리 멀지 않은 시대에 살았던 철학자야. 우리보다 불과 100년 정도 앞선 시대에 살았던 사상가거든. 더 구체적으로 말해서 중국 청나라 때의 사람이란다."

나는 마음이 든든해졌어요. 전혀 기대하지 않았던 아빠를 통해 '대동'에 대해 어느 정도 줄거리를 잡았기 때문이에요. 덕분에 이제 영민이나 종호가 대동에 대해 묻더라도 어느 정도는 대답해 줄 자신이 생겼어요.

청나라의 배경

1895년 봄. 북경에는 황제가 책임지고 관리하는 과거 시험을 치르기 위해 중국 각지에서 선비들이 몰려들었습니다. 황제가 있는 북경에서 시험을 치르기 위해선 각 지역에서 치르는 예비시험을 통과해야만 합니다.

3년 만에 한 번씩 치르는 이 시험은 중국 전체에서 머리가 좋고 이름나게 재주가 뛰어난 사람들이 참여했습니다. 이 시험을 합격하면 높은 관직에 나갈 수 있었기 때문에 그만큼 경쟁이 치열했습니다. 그렇지만 이때의 과거시험은 여느 때와 달리 어둡고 불안한 기운이 감돌면서 시작되었습니다. 왜냐하면 전해인 1894년 일본과의 전쟁에서 청나라가 무참하게 패배했기 때문입니다.

1840년 아편전쟁부터 청나라는 영국과 프랑스 등 서양 국가와의 싸움에서 이긴 적이 없었습니다. 그렇지만 1895년의 패배는 그 의미가 사뭇 달랐습니다. 일본은 청나라 사람에겐 그야말로 '섬나라 오랑캐'로

수천 년 동안 중국이 문명을 전달해 준 나라였거든요. 더군다나 서양 나라들과의 전쟁에서 패한 경험을 교훈 삼아 그동안 청나라 정부는 해군에 많은 투자를 해 왔거든요. 그렇게 오랜 세월 준비한 해군 군함들이 일본 해군에 의해 거의 모두 바다 속에 가라앉아 버린 겁니다. 아마 중국 역사상 가장 치욕적인 패배였을 것입니다.

힘이 없는 정부에 대해 참을 대로 참아온 새로운 세대의 중국인들은 드디어 그 분노가 폭발하고 말았습니다. 거기에다 1895년 4월 15일 시모노세키에서 중국과 일본 간에 합의된 강화조약은 그런 중국인들의 분노에 기름을 끼얹은 것이나 다름없었습니다. 청나라 정부는 대만과 남만주를 일본에 내어주고 2억 냥이라는 어마어마한 전쟁 배상금을 주기로 한 겁니다.

강유위, 중국의 근대를 준비하다

과거 시험을 치르기 위해 북경에 모여들었던 유학자들은 이 불평등조약을 거두어서 없애야 한다는 청원서를 만들었습니다. 그리고 이를 황제에게 상소하였지요. 이것이 중국 근대사에서 유명한 '공거상서(公車

上書)' 사건입니다. 이 공거상서를 대표로 작성한 사람이 바로 강유위입니다. 중국의 열여덟 개 성에서 올라온 과거 응시자 천여 명이 공동 서명에 참여한 이 사건은 역사적으로 중요한 의미를 갖고 있습니다. 높은 벼슬길에 나가는 관문인 과거 시험을 치르러 온 수험생들이 공개적으로 정부에 반대하는 태도를 취한 것이니까요.

이런 일은 중국 역사상 처음 있었던 일입니다. 그만큼 당시 중국 사회가 혼란스럽고 위기를 맞닥뜨렸다는 것을 이야기해 주고 있습니다. 그로부터 3년이 지난 1898년 1월 어느 날, 강유위는 갑자기 조정으로 나오라는 통지를 받았습니다. 황제와 몇몇 높은 관리들이 참석한 자리에서 강유위는 자신이 주장하는 개혁안을 이야기할 수 있는 기회를 얻은 것입니다. 여기에서 어떤 높은 관리가 "하늘의 도리가 바뀌지 않듯이, 조상의 법도는 바뀔 수 없다"고 말했습니다. 개혁이 불가능하다는 것을 말한 것이지요. 여기에 대한 강유위의 대답이 유명합니다.

"조상의 법도는 조상의 땅을 다스리기 위해 고안된 것입니다. 지금 우리가 조상의 땅조차 지키지 못하면서 어떻게 조상의 법도를 말할 수 있겠습니까?"

　조국의 위기를 극복하기 위한 강유위의 열정은 황제를 감동시켰습니다.

　그로부터 6개월 후 광서제는 강유위의 의견을 받아들여 개혁을 시도합니다. 황제는 형식적인 과거 시험을 없애고 국립대학을 세웠습니다. 지방서원을 학교로 바꾸고, 상업을 발달시키고 농업과 산업을 육성할 기구를 설치한다고 발표하였습니다. 강유위의 제자들을 중심으로 한 젊은 개혁가들이 황제의 직속 기구에 배치되었습니다. 오랫동안 문제가 되어왔던 정치와 경제, 사회 분야의 모순점에 대한 큰 수술이 시작되었습니다. 그렇지만 강유위나 개혁가들이 짊어진 짐이 무거운 만큼, 그 힘이 크지는 않았습니다. 사실 황제 자신조차도 그 양어머니인 서태후가 황제를 억누르고 있어 황제가 가진 권력을 마음대로 휘두를 수 없었습니다. 결국 이 개혁은 원세개가 황제를 배신하고 서태후에게 몰래 일러바쳐서 100일 만에 끝나고 맙니다. 황제는 황궁의 한 밀실에 감금되었고 강유위의 동생 강광인은 처형당합니다. 강유위의 제자 담사동도 이때 함께 목이 베입니다.

강유위의 꺾인 날개

중국의 근대를 잠시 환하게 밝혔던 이 불꽃같은 사건이 바로 '무술변법'입니다. 강유위는 동생과 제자의 죽음을 가슴에 안고 일본으로 망명을 떠납니다. 이때 동생의 죽음을 강유위는 다음과 같은 문장으로 표현합니다.

"나는 한쪽 날개를 잃었다."

강유위는 그의 어머니가 돌아가실 때까지 동생의 죽음을 숨깁니다. 어머니는 작은아들이 출가하여 스님이 된 줄로만 알고 계셨습니다. 이런 어머니를 곁에서 지켜봐야 할 강유위의 마음이 어떠했을까요.

일본에 망명한 강유위는 청나라 정부의 암살 위협과 혁명을 주장하는 사람들과의 갈등으로 몹시 지쳐 병들게 됩니다. 결국 1901년 그는 인도로 여행을 떠나는데요. 몇 주일간의 여행 끝에 히말라야 산맥 근처의 다르질링이란 곳에 정착하게 됩니다. 그곳은 히말라야 산맥의 하얀 눈이 한눈에 보이는 경치 좋은 곳이었습니다. 여기에서 강유위의 대표적인 작품《대동서》가 탄생하게 됩니다. 매일 막내딸과 함께 다르질링 근처의 산을 거닐면서 강유위는 유교의 대동 이야기를 현대적으로 다시 쓴

것이지요.

　강유위의 대동 이야기는 유교와 불교, 그리고 서양의 유토피아 사상을 한데 섞어서 새롭게 만든 것입니다. 젊은 시절부터 중국을 인간이 살기 좋은 사회로 만들고 싶었던 그의 꿈이 작품을 통해서 현실로 드러난 것입니다. 그리고 그것은 현실에서 끝내 실패로 끝난 그의 개혁과 동생의 죽음을 밑거름으로 한 것입니다. 그렇기 때문인지 그의 '대동' 이야기는 화려하기보다는 고통과 슬픔에 찬 인간 삶에 대한 묘사로 시작하고 있습니다.

가족 이야기

 내가 이미 사람으로 태어났는데도 모진 마음을 먹고 사람을
피한다면 그들의 근심과 걱정을 함께 나누지 않는 행동이다.

— 강유위, 《대동서》

1 아빠, 학교에 오지 마세요!

우리 반 선생님은 아주 무섭답니다. 숙제를 안 해오거나 지각을 하면 무섭게 혼내거든요. 다행히 나는 성격이 꼼꼼한 편이라 그런 일로 선생님한테 혼난 적은 없었어요.

그런데 그날은 어찌 하다가 숙제를 해 놓은 공책 하나를 빠뜨리고 학교에 간 거예요. 교실에 들어가서 공책을 꺼내다가 그 사실을 알게 되었지요.

'이를 어쩌지? 게다가 첫 번째 시간이잖아?'

오후 시간에 쓸 공책이라면 집에 갔다 올 수도 있겠지만 그러기에는 시간이 급했어요.

나는 교실 밖으로 나가서 형한테 공중전화를 걸었어요.

"어, 무슨 일이야?"

"형, 내가 숙제한 것을 빼놓고 왔거든?"

"어디에?"

"내 책상 위에 있을 거야. 형이 좀 가져다줘."

"야, 학생이 숙제를 빼놓고 가면 어떻게 해? 나 지금 바쁜데……."

"형, 제발! 나 그거 없으면 선생님께 혼난단 말이야."

나는 형한테 매달렸어요.

"알았다. 그럼 기다려."

"빨리 와야 해."

나는 전화를 끊고 나서야 마음을 놓았어요. 그리고 형이 오기를 기다리며 아침 자습을 하고 있었어요.

한참 시간이 흘렀을 때였어요.

"야, 할아버지가 오셨는데 누구 찾나 봐."

아이들이 창문을 보며 떠드는 것이었어요.

무심코 창밖을 보던 나는 깜짝 놀랐어요. 아빠가 창문으로 우리 반 교실을 둘러보고 있었거든요. 나를 찾는 것이 분명했어요.

'형더러 오라고 했는데……'

나는 화가 치밀었어요. 저절로 얼굴이 뜨거워지는 것 같았어요.

솔직히 말해서 나는 아빠가 학교에 오는 게 싫어요. 엄마가 오는 것도요. 왜냐하면 아이들이 아빠, 엄마가 나이가 많다고 얘기하는 게 듣기 싫기 때문이지요.

새 학년이 된 지 얼마 안 됐기 때문에 우리 반 아이들은 우리 아빠, 엄마에 대해서 잘 몰라요. 몇몇 친한 친구만 빼놓고 말이에요.

"세정아, 아빠 오셨잖아? 빨리 나가봐."

영민이가 나를 보며 말했어요. 나는 할 수 없이 교실 밖으로 나갔어요.

"저 할아버지가 세정이 아빠야?"

"야, 할아버지가 뭐니? 친구 아빠한테."

"뭘, 우리 할아버지와 나이가 비슷해 보이는데?"

아이들이 쑥덕거리는 소리가 내 귀에까지 들려왔어요.

'에이, 내가 이럴 줄 알았다니까.'

나는 아빠와 형을 원망하며, 복도에서 나를 기다리고 있는 아빠에게로 갔어요.

"세정아, 이것 두고 갔다며?"

아빠는 내 마음도 모르고 공책을 내게 내밀었어요.

"왜 아빠가 오셨어요? 형한테 오라고 했는데."

나는 볼멘소리로 물었어요.

"으응, 형이 바빠서 내가 대신 왔다. 이 공책이 맞니?"

"맞아요!"

나는 아빠한테서 공책을 빼앗듯 낚아채고는 그대로 교실로 들어갔어요. 아빠한테 인사조차 안 하고요.

교실에 들어서자 종호를 비롯한 몇몇 짓궂은 아이들이 기다렸다는 듯이 놀려대는 것이었어요.

"세정아, 너희 아빠 할아버지 같다."

"우히히, 할아버지래."

"야, 너희 아빠 몇 살이시니? 환갑 넘으셨니?"

"맙소사, 아빠가 환갑이 넘다니?"

아이들은 손으로 이마를 치기도 하고 자기네들끼리 책상을 두드리기도 하면서 소란을 피웠어요.

내 속은 부글부글 끓어올랐어요. 마음 같아서는 화를 내고 싶지만 그러면 내 모습이 더 우스워 보일 것 같아서 꾹 참았어요.

다행히 다른 친구들이 그런 아이들을 말렸어요.

"야, 친구한테 그러면 나쁜 어린이야."

"맞아. 세정이가 막내로 태어나서 그런 걸 어떻게 하니?"

그러자 종호가 입을 삐죽거리며 말했어요.

"야, 나도 누나가 둘이나 있는 막내지만 우리 아빠는 저렇게 늙지 않았어."

나는 종호를 노려보았어요. 종호는 얼른 내 눈을 피하며 딴청을 부렸어요. 시간이 조금 지나니까 아이들은 제풀에 잠잠해졌지만 내 마음은 풀리지 않았어요.

나는 학교가 끝나고 집에 오자마자 안방으로 달려갔어요. 아빠는 돋보기 안경을 낀 채 신문을 읽고 있었어요.

"오, 우리 막내, 이제 오니? 숙제 검사는 잘 했니?"

아빠의 말이 끝나기가 무섭게 내가 소리쳤어요.

"아빠! 이제 학교에 오지 마세요!"

"뭐?"

아빠가 어리둥절한 표정으로 나를 보았어요.

"왜? 뭐가 잘못됐니?"

"아빠가 학교에 오시는 것 싫단 말이에요. 아이들이 모두 할아버지가 왔다고 놀려댔단 말이에요!"

나는 아이들한테 놀림당한 분풀이를 아빠에게 하듯 나도 모르게 소리를 지르고 말았어요.

"……."

아빠는 어이가 없다는 얼굴로 나만 바라보고 있었어요.

"형더러 오라고 했는데 왜 아빠가 오세요? 형이 못 오면 차라리 엄마가 와야지……."

거기까지 얘기하다가 나는 울먹이고 말았어요. 그래서 얼른 문을 닫고 내 방으로 돌아왔지요.

그리고 그날 저녁 식사 때였어요. 식탁에는 엄마와 나만 앉아서 밥을 먹게 되었어요. 형은 아직 집에 오지 않았고, 아빠는 방에서 나오지 않았으니까요.

"아빠는 식사 안 하세요?"

내가 묻자 엄마가 걱정스런 얼굴로 고개를 끄덕였어요. 그러더니 나한테 이렇게 묻는 거예요.

"세정아, 오늘 아빠한테 무슨 일 있었니?"

"왜요?"

"아까부터 통 말씀을 안 하시는구나. 식사를 하라고 해도 생각이 없다고만 하시고. 어디가 편찮으신가?"

나는 마음이 찔렸지만 잠자코 있었어요. 아까 내가 한 말 때문에 아빠의 기분이 상했다는 걸 눈치 챘지만, 이제와서 뭐라고 할 말이 없었거든요.

'내가 아빠한테 너무했나?'

순간적으로 그런 생각이 들기는 했지만 나는 곧 그 일을 잊어버렸어요.

2 그래도 형이 좋아

그 다음 날이었어요.

학교에서 돌아왔는데 집에는 평소와 다르게 엄마도, 아빠도 없었어요. 현관문 소리를 들었는지 형이 방에서 나왔어요.

형은 나를 보자마자 무서운 얼굴로 말했어요.

"최세정, 너 내 방으로 들어와!"

나는 움찔 놀라서 형의 눈치를 보았어요. 형이 성까지 붙여서 내 이름을 부르는 걸 보니 뭔가 심상치 않다고 느꼈기 때문이지요.

나는 떨떠름한 얼굴을 하며 그 자리에 버티고 서 있었어요.

"왜 그러는데?"

"빨리 못 들어와?"

형은 나를 자기 방으로 끌고 가다시피 했어요.

"너 아빠한테 뭐라고 했어? 학교에 오지 말라고 했다면서? 아빠가 학교에 오면 창피하다고 그랬다면서?"

"그게 어떻다고 그래?"

"그래도 이 녀석이! 누가 아빠한테 그런 버릇없는 말을 하니? 아빠가 너 때문에 얼마나 슬퍼하셨는지 알아?"

형의 얼굴이 붉으락푸르락했어요. 나는 형이 이렇게 화난 모습을 본 적이 없었어요. 전혀 다른 사람 같았어요.

"숙제한 것을 안 갖고 간 건 네 잘못이야. 잘못을 했으면 당연히 선생님한테 혼나는 거지, 왜 형한테 심부름을 시켜? 그리고 아빠가 숙제한 것을 가져갔으면 고맙다고 인사는 못할망정 그게 뭐야? 그렇게 아빠의 가슴에 못을 박아야겠어? 그게 아들로서 아빠한테 할 얘기야?"

형의 말은 단 한 마디도 틀린 게 없었어요. 나는 형의 표정이 무서워서 더 이상 아무 말도 못하고 덜덜 떨기만 했어요.

"다른 건 참아도 오늘 같은 일은 용서할 수 없어."

형은 나한테 종아리를 걷으라고 하더니 회초리로 열 대도 넘게 때렸어요. 어찌나 아픈지 저절로 울음이 터져 나왔어요.

엄마와 아빠는 내게 엄하기는 했지만 매를 든 적은 없었어요. 형도 기껏해야 장난으로 꿀밤이나 때리고 내가 잘못할 때에 기합을 주는 정도였지 이렇게 무섭게 매질한 적은 처음이었어요.

"귀여워하니까 아주 버르장머리가 없어. 아빠께서 너무 힘들어 하시니까 엄마께서 위로하시려고 함께 나가셨어. 너 때문에 집안 분위기가 이게 뭐야?"

형의 꾸지람을 들으면서 나는 눈물을 뚝뚝 흘렸어요.

그날 밤이었어요. 나는 종아리에 느껴지는 누군가의 손길에 잠을 깼어요. 언제 들어왔는지 형이 내 종아리에 연고를 발라 주고 있었어요. 나는 몸을 뒤척이다가 형과 눈길이 마주쳤어요.

"많이 아팠지?"

형이 아까와는 달리 부드러운 목소리로 말했어요.

"아프게 때려서 미안해. 하지만 오늘의 네 행동은 정말 잘못된 거야. 아빠가 충격을 많이 받으셨는지 눈물까지 보이셨어. 그런데 이 일을 그냥 넘어갈 수 있겠니?"

나는 그 말을 듣고 깜짝 놀랐어요.

"아빠가 우셨다고? 나 때문에?"

"그래. 아빠가 나약해지신 것도 가슴 아팠고, 네가 아빠의 가슴을 아프게 했다는 사실에 화가 났어. 그래서 매를 든 거야. 나중에 아빠한테 잘못했다고 말씀드려."

그러더니 형은 자리에서 일어나 불을 끄고 나갔어요.

나는 잠을 이룰 수가 없었어요. 나 때문에 아빠가 울었다는 게 자꾸 마음에 걸렸어요. 어쩐지 코끝이 찡해졌어요.

생각해 보면 나는 아빠에 대해 많이 부끄러워했던 것 같아요. 아니, 부끄러워한다기보다 다른 아빠들과 비교하며 열등의식을 가졌던 것 같아요.

나는 친구들의 젊은 아빠들을 보면 무척 부러웠어요. 친구들의 아빠들은 흰머리도 많지 않고, 얼굴에 주름살도 별로 없어요. 걸음걸이나 행동은 씩씩하고 운동도 잘해요. 아침이면 회사로 출근하고 저녁이면 퇴근해요. 친구들을 데리고 놀이 공원에 가서 함께 놀이 기구를 타기도 해요.

그러나 우리 아빠는 그렇지 않아요. 흰머리도 많고 주름살도 많아요. 신문이나 책을 볼 때면 돋보기안경을 써야 하구요. 작년에는 회사도 그만두셔서 늘 집에서만 지내고 있어요. 엄마 말에 의하면 이제 아빠는 나이가 많아서 회사를 그만둘 수밖에 없었다고 해요.

내 친구들과 너무 다른 아빠를 보면 가엾은 마음도 들지만 솔직히 답답하기도 해요. 그런 마음을 갖다 보니 아빠에 대해 나도 모르게 불만을 표시하기도 하고, 짜증을 부릴 때도 있었던 게 사실이에요.

"아빠, 죄송해요."

나는 아빠가 옆에 있는 것처럼 중얼거렸어요. 진심으로 아빠한테 미안한 마음이 들었어요.

여름이 아닌 게 그나마 다행이에요. 반바지를 입고 다녔다면 종아리에 난 매 자국이 보였을 것 아니에요? 그랬다면 얼마나 창피했을까요?

"세정아, 네 걸음걸이가 좀 이상하다?"

점심시간에 급식판을 들고 오는 나를 보더니 영민이가 말하는 거예요.

"뭐가 이상해?"

나는 시치미를 떼고 아무렇지 않은 척했어요.

"어디 다친 것 같은데?"

"아냐, 다치지 않았어."

"그렇데 왜 다리를 절뚝거리니?"

"그래? 어디에 부딪쳤나?"

나는 형한테 맞았다는 이야기를 하고 싶지 않아서 말을 돌리려고 하는데 영민이가 끈질기게 물어봤어요. 뭔가 눈치를 챈 모양이에요.

"바지 좀 걷어 봐."

"왜?"

"아무래도 이상해서 그래."

내가 막는데도 불구하고 결국 영민이는 내 바지를 걷고야 말았어요. 영민이는 내 다리를 보더니 깜짝 놀랐어요.

"너 종아리가 왜 이래? 맞은 것 같은데?"

역시 세상에 비밀은 없나 봐요. 매 자국이 다 없어질 때까지 숨기려 했는데……. 나는 어쩔 수 없이 사실을 털어놓아야 했어요.

"자식, 눈치도 빠르네. 그래, 형한테 맞았다."

"우정이형이 이렇게 했다고? 아니, 왜?"

영민이의 눈이 휘둥그레졌어요.

"그럴 일이 있었어. 너무 깊이 알려고 하지 마."

영민이가 내 눈치를 보며 조심스럽게 말했어요.

"형들이 무섭긴 해. 우리 형도 가끔 나를 때리거든. 그래도 우리 형은 이렇게 멍이 들도록 때린 적은 없는데."

영민이의 말을 듣고 있자니 은근히 화가 났어요. 어쩐지 우리 형을 나쁘게 얘기하는 것 같아서였어요.

"야, 너하고는 입장이 달라. 넌 형하고 싸우다가 일방적으로 맞은 거고 난 잘못을 저질러서 벌로 맞은 거야."

그래도 영민이는 내 말을 이해하지 못하는 눈치였어요.

"어쨌든 형들이 있으면 나쁜 점이 많아. 힘이 세니까 동생들을 때릴 때가 많잖아? 누나가 있어야 좋은 건데. 내가 보니까 누나는 형처럼 무섭지 않고 동생한테 잘해 주더라. 아무래도 형보다는 누나가 좋아."

그럴까? 나는 곰곰이 생각해 보았지만 영민이의 말에 찬성할 수 없었어요. 물론 어제 형한테 맞을 때는 형이 원망스럽기도 했는데 지금은 그렇지 않아요. 내가 생각해도 어제의 내 행동은 잘못된 것이었으니까요.

어쨌든 나는 형이 좋아요. 만약에 '형 대신 누나가 있었다

면······' 하고 생각해 보았는데 쉽게 상상이 되지 않아요. 형이 없
는 우리 집이란 생각도 하기 싫거든요.

3 음식점에서 생긴 일

우리 가족은 토요일 저녁에 모처럼 외식을 하러 갈비 집에 갔어요. 그동안 서먹서먹했던 집안 분위기도 바꾸어 볼 겸 아빠가 밖에 나가서 밥을 먹자고 했거든요.

우리가 갈비 집에 갔을 때는 주말이어서 그런지 손님들이 많아서 아주 복잡했어요. 우리는 갈비 4인분을 주문해서 먹기 시작했어요. 고기가 연한 게 맛이 참 좋았어요. 그런데 아빠와 엄마는 고기를 구우시느라 잘 드시지 못했어요.

"아빠, 아빠도 드세요. 고기는 제가 구울게요."

형의 말에 아빠가 말씀하셨어요.

"나는 이제 나이가 많아서 그런지 고기는 별로더구나. 이따가 시원한 냉면이나 먹으련다. 너희들이나 많이 먹어."

실컷 먹었어요. 고기도 맛있었고 찌개와 반찬들도 다 내 입맛에 맞았어요. 이상한 일이에요. 집에서 가끔 고기를 구워 먹을 때도 있지만 바깥에서 먹을 때처럼 맛있지는 않아요. 왠지 갈비 집에서 먹을 때가 더 맛난 거예요.

그런데 고기를 먹다가 눈살이 찌푸려지는 일이 생겼어요. 우리 옆자리에 다섯 살 정도 되는 아이가 하나 있었는데 자꾸 돌아다니면서 장난을 치는 거예요. 음식점 안을 뛰어다니기도 하고 꺅꺅 소리를 지르기도 했어요. 시끄러워서 자꾸만 신경이 쓰였어요.

아이의 아빠, 엄마가 말려 주었으면 좋겠는데 그 사람들은 전혀 그럴 생각이 없는지 밥만 먹고 있었어요. 가끔 아이 엄마가 '찬우야, 이리 와. 고기 먹자' 하고 불러서 고기를 먹여 주기에만 바빴어요.

정말 밥이 입으로 들어가는지 코로 들어가는지도 모를 정도로 정신이 없었어요. 참다못한 아빠가 옆자리에 앉아 있는 아이 엄마한테 말을 걸었어요.

"아주머니, 아기가 저렇게 식당 안을 뛰어다니는데 좀 말려 주셨으면 좋겠군요."

그러자 아이 아빠가 불만스런 얼굴로 퉁명스럽게 대꾸했어요.

"뛰어다니는 게 어때서요? 그 또래 아이들이 얌전히 앉아 있는 것 봤습니까? 한창 활동할 때라 저러는 거, 할아버지가 이해하셔야지요."

우리 가족은 어이가 없어서 아이 아빠를 보았어요. 아빠가 전혀 불쾌하게 얘기한 게 아닌데 아이 아빠는 노골적으로 못마땅한 표정이었기 때문이지요.

"여기에 저희들만 있는 게 아니잖습니까? 다른 손님들한테도 방해가 될 텐데요."

"글쎄, 할아버지가 왜 다른 사람들 일까지 신경을 쓰느냐 말이에요. 별 이상한 일 다 보겠네."

아빠도 화가 났는지 얼굴이 굳어졌어요.

"허허, 젊은 사람이 말이 심하네. 저러다가 다치기라도 하면 어쩌려고 애가 하는 대로 내버려 둔단 말이오?"

"영감님! 참견 말라니까요! 아, 모처럼 고기 먹으러 왔다가 별

소리 다 듣네. 고기 먹다 체하겠어."

아이 엄마는 그런 아이 아빠를 말리지도 않고 새치름하게 앉아 있었어요. 아이 아빠 말이 맞다고 생각하는 모양이었어요.

듣다 못한 형이 끼어들었어요.

"아저씨, 솔직히 말씀드리면 저희도 오랜만에 외식하는데 아이가 뛰어다니니까 신경이 많이 쓰여요. 저희 아버님께서 화를 내신 것도 아니고 조심스럽게 말을 건네셨는데 그렇게 흥분하실 건 없잖습니까?"

그러자 아이 아빠는 형을 향해 눈을 부라렸어요.

"넌 또 뭔데 끼어들어?"

"예?"

"새파랗게 어린놈이 왜 어른들 일에 끼어드느냐고."

분위기가 점점 험악해지는 것 같았어요. 나는 형이 아이 아빠한테 대들면 어쩌나 걱정이 되었어요. 그 아저씨는 체격도 크고 얼굴도 무섭게 생겼거든요. 자칫 잘못하면 형을 때리기라도 할 것 같았어요.

아빠가 형의 손을 잡으며 조그만 소리로 말렸어요.

"가만히 있어라. 말이 통하지 않는 사람이다. 그냥 먹자."

그러나 아이 아빠는 그 말도 알아들었는지 목소리를 높였어요.

"영감님! 영감님이야말로 나잇살 잡수셔서 그러지 마십시오. 남의 애 걱정 마시고 영감님 아들이나 교육 잘 시키시라고요."

아빠도 형도 엄마도 묵묵히 고기만 먹었어요. 더 이상 상대해 봐야 큰 싸움이 날 것 같아 아예 무시하는 것 같았어요.

바로 그때 그릇 깨지는 소리와 함께 아이의 울음소리가 들려왔어요. 사람들의 눈이 소리가 나는 곳으로 향했어요. 알고 보니 아이가 뛰어다니다가 넘어지면서 어느 테이블의 그릇들을 바닥에 떨어뜨린 거예요. 그 테이블 주변은 난리가 났지요. 냉면 그릇이 엎어지고, 바닥에는 국물이 쏟아졌던 거예요.

"이 녀석, 조심해야지. 이게 뭐냐?"

테이블 앞에 앉아 있던 아저씨가 짜증스런 얼굴로 소리쳤어요. 그러자 아이 아빠가 화를 내며 달려가더니 아이를 안았어요.

"여보세요. 아이가 다쳤나 봐야지 왜 아이한테 화를 냅니까?"

아저씨는 어이가 없다는 듯 말했어요.

"이것 보세요. 먹던 음식이 다 쏟아지고 옷이 다 젖었는데 화가 안 납니까?"

"알겠어요. 음식값 물어 주고 세탁비 물어 주면 될 것 아닙니까? 그러면 됐나요?"

아이 아빠는 아저씨보다 목소리를 더 높였어요. 일하는 아주머니들이 달려와서 흩어진 그릇들과 쏟아진 음식을 치웠지만 아이 아빠는 여전히 씩씩거리며 자기 자리로 돌아갔어요.

그걸 보고 난 아빠가 쓴웃음을 지었어요.

"적반하장이라더니…… 여기에 딱 어울리는 말이군. 처음부터 아이한테 조심을 시켰어야 하는데 남부터 원망하고 있으니."

"요즘 젊은 부모들 중에 저런 사람들 많은 걸요. 전에 내 친구가 저런 아이한테 그러지 말라고 했다가 그 부모들한테 한 소리 들었대요. 왜 귀한 우리 아이를 야단치느냐고 뭐라고 하더래요."

엄마가 이렇게 말하며 고개를 절레절레 흔들었어요.

우리 가족은 어떻게 식사를 끝냈는지도 모르게 음식점을 나와야 했어요. 모처럼의 외식이었는데 분위기가 망쳐져서 속이 상했어요. 더구나 아빠가 젊은 아저씨한테 푸대접을 당한 게 어찌나 화가 나던지요. 아마 형도 그랬을 거예요. 마음 같아서는 그 아저씨한테 화를 내고 싶었을 거예요. 그러나 그랬다가는 싸움이 날 것 같으니까 화를 꾹꾹 눌러 참았겠지요.

아빠는 집으로 오면서 이렇게 얘기했어요.

"요즘 아이들 예의가 없다, 이기적이다, 공중 도덕을 모른다고 말들이 많지만 그게 모두 아이들만의 잘못이라고는 할 수 없단다. 아까 식당에서 본 것처럼 우선 엄마, 아빠가 아이들을 올바로 가르쳐야 하는데 그렇지 못한 부모들이 많아서 이런 일들이 생기는 거야."

아빠는 약간 흥분한 듯 목소리가 점점 커졌어요.

"그런 부모들은 자기 아이가 어떤 행동을 해도 내버려 두거든. 혹시라도 내 아이 기를 죽일까봐 아이들 눈치만 보면서 키우니 아이들이 올바로 크기가 어려울 수밖에. 그리고 그건 그저 내 아이가 최고이고 우리 가족만 잘 살면 된다는 이기적인 생각들 때문에 나온 태도들이지."

하지만 나는 아빠가 모르는 아저씨로부터 무시를 당한 게 더 참기 힘들었어요. 아빠가 늙고 힘이 약해 보이니까 그 아저씨가 함부로 대했다는 생각이 들어서 마음이 아팠어요. 앞으로 나라도 아빠의 마음을 슬프게 하지 말아야겠다는 생각이 절로 들었어요.

4 내 가족이 최고라고요?

"허허, 또 이런 일이 일어났구나!"

신문을 보던 아빠가 안타까운 듯 말했어요.

"아빠, 무슨 일인데요?"

"혼자 살던 노인이 죽은 지 며칠이 지나서야 발견되었다는구나. 그것도 자식들이 발견한 게 아니라 월세가 밀리니까 집주인이 방에 들어갔다가 발견했다니, 쯧쯧……."

아빠는 한숨을 쉬었어요.

"사회가 발달하면서 살기는 좋아졌지만 인정은 점점 메말라가니 걱정이다. 이웃에 대해 무관심하고 모두들 내 가족밖에 모르니 이런 일이 생길 수밖에. 앞으로 이런 일은 점점 늘어날 거다. 독거노인이 자꾸만 늘어나는 추세니……."

"독거노인이 뭐예요?"

"혼자서 사는 노인이지. 예전에는 대가족 제도라서 자식들이 결혼해도 부모들과 같이 살았기 때문에 이런 일이 없었는데 이제는 핵가족 시대니 노인들은 점점 설 곳이 없어지는 거야."

"그러면 죽은 그 할아버지에게는 자식이 없었어요?"

"없는 사람도 있겠지만 자식이 있는 경우에도 이런 일이 생긴단다. 왕래나 안부 전화가 별로 없다면 부모가 죽더라도 모르는 채 지나가다가 나중에야 발견되겠지. 참 슬픈 일이다. 언제부터 우리나라가 이렇게 각박해졌는지……."

그렇지만 나는 아빠의 말이 이해가 가지 않았어요. 자식들이 있는데 왜 할아버지, 할머니들이 혼자 살다가 쓸쓸하게 죽어가는 걸까요?

"모두들 자기 가족밖에 모르고 남에 대해서는 전혀 신경을 쓰지 않아. 남이야 어떻게 되든 말든 우리 가족만 잘살면 된다, 남의 아이야 어찌 되든 말든 우리 아이만 공부 잘하고 출세하면 된다는 생각들로 가득 차 있거든. 그래, 그러고 보니 며칠 전의 일도 그렇지 않니?"

아빠가 생각난 듯 며칠 전에 있었던 음식점에서의 일을 끄집어냈어요.

"남들이야 방해를 받든 말든 우리 아이만 기죽지 않고 잘 뛰어놀면 된다는 생각 때문에 그 아저씨가 그렇게 행동했던 거야. 그런 아이들이 남에 대한 배려를 할 수 있겠니? 공중도덕이고 뭐고 나만 편하고 나만 재미있으면 된다는 마음으로 성장하게 될 거 아니냐."

그러더니 아빠는 강유위에 대한 이야기를 꺼냈어요.

"그래, 강유위가 가족을 없애자고 한 것도 이런 가족 이기주의를 경계하기 위해서였는지도 몰라."

나는 그 말에 깜짝 놀라서 반문했어요.

"어? 강유위가 그런 주장도 했어요? 가족 자체를 없애자고요?"

"그랬지."

"아빠, 나라를 없앤다는 것도 쉬운 일이 아니지만 가족을 없앤다는 것은 더 어려운 일 아니에요? 아니, 전혀 터무니없는 주장

같아요. 예를 들어 우리가 미국으로 이민을 가면 미국 사람이 될 수는 있겠지만, 부모님은 바꿀 수 있는 게 아니잖아요? 부모와 자식 사이를 천륜이라고 하던데요."

"야아, 우리 세정이가 '천륜'이라는 어려운 말도 알고 있구나. 그러나 강유위가 대동사회를 만드는 데 가족 관계가 큰 장애가 된다고 본 것은 사실이야."

"정말 이상하네요. '대동'이라는 이야기가 유학에서 나왔다고 알고 있는데, 유학에서 가장 중요한 사상이 충효라고 배웠거든요. 그런데 가족을 없애자고 했다니, 무슨 뜻인지 모르겠어요."

나는 고개를 갸웃거렸어요. 아무리 생각해도 앞뒤가 참 맞지 않은 것 같아요.

"그 이야기를 하기 전에 우선 가족제도가 어떻게 바뀌어 왔는지 알아볼까? 우리나라만 해도 불과 100년도 안 되는 시간 동안에 가족의 모습이 많이 바뀌었단다. 예전에 우리나라의 가족제도는 대가족이었지. 세정아, 너도 대가족이 무엇인지는 알고 있지?"

"그럼요. 할아버지, 아버지, 아들이 한집에서 다 같이 함께 사는 가족이잖아요."

"그래, 맞다. 그때는 농사를 짓는 사람들이 많았기 때문에 일손

이 많이 필요했단다. 그래서 자연히 대가족제도가 발달할 수밖에 없었지. 그런데 세월이 흐르면서 사회가 발전하고 개인주의가 거세게 일어나다 보니 대가족제도는 차츰 핵가족제도로 바뀌었어."

"핵가족제도는 뭐예요?"

"부부와 결혼하지 않은 자녀들만 사는 가족이지. 물론 요즘도 결혼해서 가정을 꾸린 뒤에도 부모님을 모시며 사는 사람들이 있기는 해. 하지만 대부분 핵가족이 훨씬 많아. 그런데 요즘은 핵가족 제도도 더 나누어져서 혼자서만 사는 독신자 가구도 늘어가고 있지."

그 이야기를 하면서 아빠의 얼굴은 눈에 띄게 어두워졌어요.

"지금 신문에서 본 독거노인의 쓸쓸한 죽음도 가족제도가 바뀌면서 생겨난 슬픈 사회현상이지."

"아빠, 혼자 살면 너무 쓸쓸할 것 같아요."

"물론이지. 하지만 결혼을 하지 않는 사람들이 자꾸 늘면서 독신남, 독신녀가 생기고, 자녀들이 노부모를 부양하지 않다 보니 혼자 사는 노인들이 느니까 어쩔 수 없는 현상이라고 생각해. 앞으로는 이런 가구가 점점 더 늘 거라고 본다."

"아빠, 그러면 아빠와 엄마도 나중에 저희와 떨어져서 살게 되나요?"

"아마 그렇게 될 거야. 형과 네가 결혼하면 따로 가정을 꾸려야 하니까 엄마와 아빠만 남게 되겠지. 그러다가 두 사람 중에 누군가가 먼저 세상을 떠나면 남은 사람은 혼자 살게 되는 것이고……."

아빠의 말을 들으니 어쩐지 슬퍼졌어요.

"아빠, 그런 말씀은 하지 마세요. 저는 형과 제가 모두 결혼해도 아빠, 엄마와 함께 오래오래 살고 싶어요. 아니, 꼭 그렇게 할 거예요."

"하하하, 세정이 말만 들어도 기분 좋구나. 그러나 그건 아빠, 엄마의 욕심이지. 너는 지금 어려서 모르지만 결혼을 하게 되면 서로의 사생활이 있기 때문에 부모로부터 떨어져 살기 마련인 거란다."

아빠는 잠시 쓸쓸한 표정을 짓다가 다시 얼굴을 펴며 말했어요.

"생각해 보면 얼마 전까지만 해도 생각도 할 수 없었던 사회현상이 많이 일어나고 있어. 싱글맘이 꾸리는 가정도 늘어나고, 호주제도 폐지되고 말이야."

"싱글맘이요?"

나는 처음 듣는 말에 귀를 쫑긋 세웠어요. 호주제는 그래도 귀에 익은데 '싱글맘'이란 아주 생소한 단어였거든요.

"싱글맘은 남편 없이 아이를 데리고 사는 엄마를 뜻하지. 싱글맘이 생기는 이유는 남편과 사별하는 경우도 있지만 요즘 이혼이 늘면서 양육권을 엄마가 갖기 때문이기도 해. 이것은 이혼 가정이 늘어난다는 씁쓸한 상황이기도 하고 여성의 권한이 강해졌다는 사실을 보여 주는 것이기도 해. 호주제 폐지 역시 여성의 권위가 신장했다는 증거지."

아빠의 말대로 책을 보아도 그런 사실을 알 수 있어요. 옛날에는 지금으로서는 생각도 할 수 없을 정도로 여자의 권위가 약했다고 하거든요.

아빠의 말이 계속되었어요.

"옛날에는 여자란 남자에게 복종하며 지내야 하는 존재로 생각했었어. 하지만 세월이 바뀌면서 여자의 권위가 높아지니까 이제는 남자와 동등한 존재로 여기고 있단다."

"아빠, 그런데 강유위가 왜 가족을 없애자고 주장했는지 정말 궁금한데요."

"그래, 이제 그 이야기를 해야겠구나. 그러려면 우선 강유위가 살았던 시대부터 살펴봐야 해. 강유위는 서양 강대국과 일본의 침략으로 중국이 멸망할 위기에 처한 시대에 살았단다."

"아빠, 중국도 일본의 침략을 받았어요?"

"그렇단다. 게다가 그 시기도 우리가 일본의 침략을 받아 나라를 빼앗긴 무렵과 비슷했지. 이런 상황에서 강유위를 비롯한 당시 중국인들은 중국이 이렇게 약해진 이유가 무엇인지 곰곰이 생각해 봤지. 알고 보니 그 이유 중의 하나가 바로 지나치게 형식으로 치우친 유학 사상에 있었던 거야."

"어, 왜요? 유학 사상하고 중국이 약해진 것하고 무슨 상관이 있나요?"

"유학에서는 임금님이나 아버지가 하는 일이면 그것이 잘못된 일이라도 무조건 따라야 한다고 보았거든. 강유위가 가족제도를 비판한 이유도 바로 그런 잘못된 관습을 벗어나야 한다는 점에서 출발한 거지. 물론 거기에는 자기 가족만을 위한 이기주의에서 벗어나야 한다는 점도 있었고."

"그럼, 가족이 없어지면 학교는 누가 보내 주나요? 그리고 아프면요?"

"응. 그 부분에 대해 《대동서》는 자세하게 해결 방법을 얘기하

고 있단다."

어떤 해결 방법일까? 궁금해진 나는 아빠의 입만 바라보았어요.

"대동사회에서는 아이가 태어나면 바로 '공립 육아원'으로 보내져서 자라게 된단다. 엄마가 아이를 돌보는 대신 공공 기관에서 전문가가 키우는 거지. 그뿐 아니라 유치원부터 대학까지 무료로 교육을 받고 몸이 아파도 무료로 최고의 의료 서비스를 받게 되어 있지."

"그럼 탁아소와 비슷한 건가요?"

"글쎄, 사회 공공 기관에서 양육을 맡는 건 비슷하다고 할지라도 그 환경이나 시설은 훨씬 좋다고 봐야겠지. 쉽게 말하면 부모가 할 일을 나라와 사회에서 맡아서 해 준다고 보면 맞을 거야. 그러니까 부모가 맡아서 키울 때보다는 차별적인 요소가 많이 사라지겠지."

"그런데요, 아빠. 아무리 그렇다고 해도 가족의 경계를 없앤다면 너무 삭막해질 것 같아요. 가족이 없어지면 할아버지, 할머니도 없어지는 건가요? 작은 아빠나 고모도요?"

"그야 당연히 없어지겠지. 사실 지금도 우리나라의 대부분 가정에는 아이가 한둘뿐이니, 앞으로 수십 년 후면 삼촌이나 고모라는 단어 자체가 없어지지 않을까? 아빠도 강유위의 가족을 없애자는 주장에는 찬성하지는 않아. 아마 강유위도 그 당시 가족제도가 갖는 문제점을 비판하려는 의도에서 한 말이지, 정말로 없앨 수 있다고 생각하지는 않았을 거다."

아빠는 잠시 뭔가를 생각하시더니 다시 입을 열었어요.

"그렇지만 아빠도 나라에서 교육과 의료를 어느 정도 책임져야 한다는 말에는 찬성이란다. 사실 우리나라에서 아이를 적게 낳는 이유도 바로 지나치게 높은 교육비 때문이거든. 병원비도 너무 비싸고."

아빠의 이야기를 듣고 나니 강유위의 주장에도 일리가 있다는 생각이 들었어요. 조금 극단적이긴 했지만 말이에요. 하지만 아무리 세상이 달라지고 사회가 바뀐다 해도 가족이라는 존재가 없어진다면 너무 삭막할 것 같았어요. 내게 아빠, 엄마, 형의 존재는 그 무엇보다도 소중한 존재니까요.

만약 내 삶에 아빠, 엄마, 형 그 누구 하나라도 떼어 놓으라고 한다면 나는 도리질을 하며 막을 거예요. 할 수만 있다면 우리 가족이 이대로 영원히 행복하게 살고 싶어요.

물론 그것이 불가능한 일인 건 알고 있어요. 내가 날마다 자라

듯이 엄마와 아빠도 점점 늙어가는 게 보이니 이 세상에 영원한
것도, 변하지 않는 것도 없다는 것을 충분히 알 수 있거든요.

여섯 가지 슬픔

강유위는 《대동서》 서문에서 다음과 같이 말합니다.

"우리가 살고 있는 이 세상은 슬픔과 고통의 세계이다. 그 위에 살고 있는 생명들은 모두 슬프고 고통스러운 존재들이다. 지구 위에 살아 있는 모든 것들은 모두 도살당할 운명에 처해 있다. 우리가 보는 푸른 하늘과 둥근 땅은 사실은 큰 도살장이나 감옥인 것이다."

강유위는 왜 이렇게 인생을 슬프게 바라보았을까요? 그건 바로 어렸을 적에 겪었던 기억 때문입니다. 강유위는 예닐곱 살 무렵에 보았던 환등기(영화를 보여 주는 옛날 기계)를 통해 전쟁의 비참함을 생생히 느꼈습니다. 당시 그 환등기는 독일에 패한 뒤 폐허가 된 프랑스 도시를 그리고 있었습니다. 그곳에 있는 나무와 풀숲 사이에 온통 사람의 시체들이 널려 있었습니다. 집들은 모두 잿더미가 되어 있었고요. 이때부터 강유위는 전쟁의 무서움과 비참함을 느끼게 되었습니다.

강유위는 인간이 세상에 태어나 겪게 되는 슬픔을 크게 여섯 가지로 나누었습니다. 신체적 허약함, 자연재해, 사회 지위의 변화, 제도적인 제약, 인간적인 슬픔, 감당하기 힘든 의무들. 그리고 이러한 고통들이 사실은 우리 인간들 스스로 만들어 놓은 벽에서 온 것이라는 사실을 깨달았습니다. 우리가 이런 벽들, 국가나 가족, 남녀를 구별하는 생각들에서 벗어날 때 인류는 비로소 크게 하나가 되는 대동사회를 이룩할 수 있는 것입니다. 《대동서》는 이 세상에 인류 스스로가 만들어 놓은 벽을 아홉 가지로 분류하고 있습니다. 국가, 인종, 남녀, 가족, 직업, 그리고 사람과 동물, 혼란스러운 세상과 평화로운 세상, 고통스런 현실과 극락세계.

국가는 인간들이 전쟁을 벌이는 근본 원인이기 때문에 없어져야 합니다. 강유위는 이런 국가를 없애는 방법을 오늘 날의 '유엔'과 같은 국가 연합을 구성하는 데서 찾았습니다. 러시아가 동유럽을 통합하고, 브라질이 남미 국가들을 아우르고, 독일이 스칸디나비아 반도와 유럽을 차지한다면 점차 국가들이 큰 단위로 통합될 수 있다고 생각한 것이죠. 그리고 그렇게 구성된 세계 의회가 세계의 중심으로 나아가고 각국이 무기를 버린다면 대동 세상이 이룩되는 것입니다.

대동사회에서는 오늘날 세상에서 보는 것과 같은 가난한 사람과 부유한 사람 사이에 갈등이 없습니다. 하지만 오늘날 우리 사회는 어떤가요? 돈 있는 사람과 돈 없는 사람 간의 격차가 마치 하늘과 땅만큼이나 큽니다. 강유위는 앞으로 세상이 강대국과 약소국 간의 싸움보다는 부자와 가난한 사람간의 싸움으로 나아갈 것이라고 예언했습니다. 강유위가 사망한 이후 세계의 역사는 사실 그렇게 전개되었습니다.

　　강유위가 가족제도를 없애자고 주장한 이유도 부자와 가난한 사람이 갈등을 빚게 되는 근본 원인이 바로 '가족'에 있다고 보았기 때문입니다. 인류 역사에 가족이 생기게 된 것은 모두가 공동으로 소유하던 재산을 개인들이 나누어 갖게 되면서부터입니다. 다시 말해 '내 재산을 내 자식에게 물려줘야지' 하는 이기적인 생각이 싹트면서부터 인류 공동체가 무너진 것입니다. 물론 그것이 인간의 본성이고, 또 그런 경쟁심이 있었기 때문에 인류 역사가 이만큼 발전한 것이라는 시각도 있지만요.

　　국가와 가족이 없어진 사회에서 남은 문제. 대동사회의 통치자들은 흑인, 백인, 황인으로 나누어진 인종 문제를 해결하기 위해 여러 방법들을 사용합니다. 이 문제는 법률과 제도를 바꾼다고 해서 해결할 수 있는 것

이 아닙니다. 왜냐하면 인종 문제는 외모, 냄새, 문화, 관습 등 여러 가지 요인이 섞여서 작용하는 것입니다. 그러므로 강유위는 이 문제를 근본적으로 해결하기 위해 전 세계적으로 이주 정책과 인종 간 결혼을 추진할 것을 제안합니다. 결혼을 통해 체형과 피부색을 섞자는 것이지요. 이런 혼혈 정책을 통해 인류는 하나의 인종으로 다시 태어날 수 있다는 것입니다. 얼핏 들으면 황당한 애기인 것 같지만, 강유위는 이를 통해 어떤 갈등도 일어나지 않은 완벽한 대동사회를 이룩하려 한 것입니다.

대동사회에서 가장 중요한 부분은 가족과 남녀차별을 없애자는 것입니다. 강유위는 '효도'를 중요하게 여기는 유학자입니다. 그런 그가 '가족'을 없애자고 한 것은 그럴 만한 이유가 있습니다. 당시 중국이 위기에 빠지게 된 것은 자기 가족이나 집안만을 위하는 마음에서 시작된 것입니다. 또 가족 이기주의는 사회적으로 심각한 분열을 가져올 뿐만 아니라 아이의 양육이나 교육에도 큰 차별을 낳는 원인이 되기도 합니다. 부잣집에서 태어난 아이는 좋은 교육을 받아 성공할 가능성이 높습니다. 반면에 가난한 집의 아이는 공부보다는 다른 일에 신경을 써야 하는 경우가 많습니다. 결국 '부'와 '가난'이 대를 이어 계속된다는 데에 이 문제의 심각성이 있습니다. 대동사회에서는 가족 대신 공공 기관이 태어나면서부터 죽을 때까지 개개인을 돌봐 줍니다. 부자나 가난한 사람 없이 모든 사람이 공평하게 교육받고 자신의 능력을 펼칠 수 있습니다.

강유위의 이런 생각엔 '남녀 평등' 사상이 깔려 있습니다. 가부장적인 가족제도의 잘못된 점을 고치기 위해선 여성이 먼저 깨어나야 한다는 것이지요. 강유위에게 있어 대동 이야기는 뜬구름을 잡는 듯한 공상이 아니었습니다. 강유위는 당시 중국 가정에서 일반적으로 여겨지던 남자와 여자의 차별을 반대했습니다. 강유위는 딸들에게 청나라의 관습이었던 '전족'을 하지 않도록 했으며, 막내딸이 열입곱 살이 되자 멀리 유럽과 미국으로 유학을 보냈습니다. 사랑하는 딸을 홀로 떠나보내면서 그는 다음과 같은 시를 남깁니다.

"어린 소녀에겐 머나먼 여행이다. 그러나 그것은 여성의 권리를 위한 위대한 전진이다."

3

이상과 현실

 점차 봄과 같은 태평세월을 볼 수 있나니, 하나하나 그 모두가 '꽃세계'로 변하고, 사람마다 부처의 육신으로 나타나니 대동 이 바로 나의 길이로다.

— 강유위, 《대동서》

1 이상과 환상

내 생일에 영민이를 비롯한 몇몇 친구들을 집으로 초대했어요. 예전에는 패스트푸드점이나 패밀리레스토랑에서 생일잔치를 한 적도 있었지만, 역시 집에서 하는 것이 더 따뜻한 분위기가 나기 때문이에요.

엄마가 정성들여 차려준 음식을 먹은 후에 친구들과 함께 컴퓨터 오락도 하고 내가 만든 모형 비행기도 구경하면서 시간을 보내는데, 영민이가 갑자기 생각난 듯 내게 물었어요.

"우리 아빠와 엄마는 대동에 대해 잘 모르시더라. 그래서 내가 너한테 들은 이야기를 해 주었더니 굉장히 놀라셨어. 똑똑하다고 칭찬까지 받았다니까. 네 덕분이지 뭐니."

기분이 좋아서 어깨가 으쓱거렸어요.

"그런데 지금 생각해도 이해가 안 가는 부분이 많아. 그래서 너희 집에 온 김에 물어보려고 하는데 괜찮겠지?"

"물론이야. 다행히 아빠가 계시니까 얘기하다가 막히는 게 있으면 물어봐도 돼."

"그래, 잘됐구나. 우선 이해가 안 가는 부분이 나라를 없애자는 주장이야. 아무리 전쟁을 막기 위해서라도 나라를 없애자는 주장은 너무한 거 아닐까?"

"아, 그것도 다 이유가 있어. 강유위는 중국에서 100여 년 전에 살던 사람이야. 이때는 여러 나라가 중국을 침략하고 있어서 매우 힘들었어. 특히 강유위가 살았던 곳이 중국에서도 남쪽 해안 지역이래. 그래서 일찍부터 전쟁이 있었고, 전쟁이 얼마나 비참한지 알게 된 거지. 그때의 기억이 그에게 강하게 남아 있었나 봐."

"그건 이해가 가는데 그렇다고 나라를 없애면 세상이 어떻게 될까? 우리 학교만 하더라도 교장 선생님과 선생님들 모두 나라에서 직접 임명한 분들이잖아. 학교를 세운 것도 다 나라에서 정해 준 거잖아. 나라가 없어지면 학교도 없어지는 것 아냐?"

확실히 영민이는 예리한 친구예요. 내가 생각해도 그 부분은 좀 이상했거든요.

나는 영민이의 얘기를 들으니 얼마 전에 텔레비전에서 본 아프리카 어린이들이 생각났어요. 마치 우리나라의 옛날 사진을 보는 듯 했어요. 텔레비전에 나온 아이들은 책상이나 의자도 없이 땅바닥에 앉아 수업을 받고 있었어요. 그게 다 나라가 가난하고 힘이 없어서 그렇다고 들었는데 나라가 없어지면 우리도 그런 처지에 놓이는 것은 아닐까요?

"그래, 네 말도 맞아. 나도 거기까지는 생각하지 못했어. 그럼 아빠를 모셔 올게. 나보다는 아빠가 더 많이 알고 계시니까."

나는 얼른 안방으로 건너가 아빠를 불렀어요.

"아빠, 친구들이 물어보는데 잘 모르겠어요. 아빠가 도와주셨으면 좋겠어요."

"그게 무슨 말이냐?"

책을 읽고 있던 아빠가 돋보기안경 너머로 나를 보았어요. 나는 아빠에게 친구들과 무슨 얘기를 했는지 말했어요. 그리고는 아빠

가 내 방으로 직접 들어갔어요.

"그래, 우리 꼬마 손님들이 궁금한 게 있다고? 뭔지 얘기해 볼래?"

처음에 친구들은 쭈뼛쭈뼛했어요. 그러다가 영민이가 손을 들고 질문했어요.

"가장 궁금한 건 나라를 없애면 지구에서 일어나는 어려운 일을 누가 해결하나 하는 거예요."

"아! 그건 나라를 없앤 후에 세워진 '세계정부'에서 다 처리해 주지."

"세계정부요?"

"지금처럼 한국, 미국, 중국, 일본 같은 나라가 있는 게 아니고, 이들 나라를 다 합친 그런 세계의 일을 처리하는 정부를 말하는 거란다."

"아, 그럼 지금의 '유엔' 같은 것인가요? 그럼 세계정부의 대통령은 어느 나라의 대통령이 맡아요?"

"세계정부는 나라가 없어진 이후에 세워진 정부야. 그러니까 어느 나라의 대통령이 따로 있을 수는 없지. 그때에는 한국이나 미국, 중국 같은 나라가 모두 없다고 하니까."

이번에는 태욱이가 물었어요.

"그렇다면 세계정부에는 대통령이 없는 건가요?"

"아니, 대통령이 있긴 한데 지금 우리나라나 미국의 대통령처럼 모든 것을 결정하는 힘이 있는 건 아니지. 그냥 명예직인 셈이고, 구체적인 실무는 각 지역 정부에서 맡는 거지. 모든 일들은 주민 대표로 구성된 의원들이 결정하게 되어 있어. 그리고 지금 우리나라의 국회의원이나 시의원들이 법을 만들고 행정부를 감시하는 것과 마찬가지라고 하겠지."

"아무리 그렇더라도 나라가 없어질 수 있을까요? 수천 년 동안 이어져 온 제도인데 말이에요."

영민이가 차분한 목소리로 물었어요. 사실 나도 영민이와 비슷한 생각을 갖고 있었어요. 전에 아빠에게 대동 이야기를 듣긴 했지만 마음속으로 완전히 납득이 간 건 아니니까요.

"사실 강유위도 그게 바로 이루어질 수 있을 것이라고 생각하지는 않았단다. 다만 그렇게 되었으면 좋겠다는 생각을 쓴 게 바로 《대동서》라는 책이야. 그러니까 이를테면 《이상한 나라의 앨리스》처럼 '상상의 세계'인 셈이지. 그래서 이런 이야기들을 가리키는 '유토피아'라는 말이 '어디에도 존재하지 않는 곳'이란 뜻을 갖고 있는 거지."

이번에는 용규가 질문했어요.

"상상의 세계요? 그럼 《반지의 제왕》 같은 건가요? 거기에서라면 나라 같은 게 없을 수 있겠네요. 요정들도 나오고 하니까요."

용규는 평소에도 판타지 소설을 많이 읽더니 역시 질문도 판타지 수준에서 벗어나지 못하는 것 같아요. 아니, 아무리 그렇다고 대동 이야기를 판타지 소설과 똑같이 취급하다니요.

아, 그러고 보니 여기에서 중요한 문제가 튀어나오네요. '환상'과 '이상'이 어떻게 다를까요?

아빠가 미소를 지으며 말했어요.

"이상과 환상은 다르지. 어떻게 똑같이 취급할 수 있니?"

"왜요? 제가 듣기에는 그게 그거 같은데요. 아저씨도 방금 말씀하셨잖아요. '상상의 세계'라고요. 어차피 현실에 있지 않은 것을 이야기하는 거잖아요. 그럼 강유위가 말했다는 그 '대동'이란 게 반지의 제왕과 뭐가 달라요?"

그러자 영민이가 거들고 나섰어요.

"글쎄, 내가 생각해도 다른 것 같은데. '대동 사회'라는 게 현실적으로 당장 실현하기는 힘들다고 하더라도 그걸 환상이라고 할 수는 없을 것 같아. 책에 요정이나 괴물 같은 이야기는 없잖아?"

"그럼 '상상'과 '이상'이 어떻게 다른 건가요?"

용규는 여전히 구분이 되지 않는 듯 아빠를 빤히 쳐다보았어요.

"음, 상상은 사람들이 생각할 수 있는 모든 것을 이야기한다고 볼 수 있을 거야. 가령 대동 이야기도 크게 보면 사람들이 생각하는 '상상'에 속한다고 할 수 있지. 뭐, 반지의 제왕도 사람들이 생각해 낸 거니까 역시 '상상'이라고 할 수 있지."

용규는 '반지의 제왕'이라는 말이 나오자 두 눈이 반짝 빛났어요. 역시 판타지 소설에 관심이 많다니까요.

"그렇지만 다른 점이 있다면 환상은 현실에서 도저히 일어날 수 없는 이야기들이야. 요정이나 괴물, 도깨비, 이런 게 과연 현실로 나타날 수 있겠니? 하지만 '이상'은 다르지. '이상'은 지금은 도저히 일어날 수 없을 것 같지만, 우리가 노력하면 언젠가는 이루어질 수도 있는 세계라고 하겠지."

그 이야기를 들었어도 너무 어려운 말이라 감이 잡히지 않았어요. 아빠는 우리의 마음을 눈치 챘는지 다음과 같이 비유를 들었어요.

"지금 우리나라와 같은 모습을 조선 시대에는 가능하다고 생각했을까? 그때 사람들에게 오늘날 우리가 사는 모습을 이야기하면 다 터무니없는 얘기라고 했을 거야. 나라를 없앤다는 것도 지금 현실에서 보면 꿈같은 얘기로 들리지만 '유엔'과 같은 국제기구가 발전하면 가능하지 않을까?"

그러면서 아빠는 우리의 반응을 살폈어요. 그 말을 듣고 보니 어쩐지 그럴 수 있을지도 모른다는 생각이 들었어요.

"지금이야 유엔보다 강대국들의 힘이 강해서 자기들 마음대로 하지만 유엔의 힘이 세지면 모두 유엔의 말을 듣게 될 거야. 그렇게 되면 사실 각 나라의 대통령보다 유엔의 대표가 더 힘이 세지겠지. 그게 바로 세계정부일 거다."

아이들은 아빠의 설명에 조용히 귀를 기울였어요. 아빠의 말소리 외에는 숨소리도 들리지 않을 정도였어요.

아빠의 이야기는 계속 이어졌어요.

"대동 이야기나 아까 말한 유토피아 이야기들은 현실의 문제점을 비판하기 위해서 나온 것들이 많단다. 내가 바라는 사회에서는 정치제도가 어떻고 학교교육은 어떻다, 사실 이런 말들은 뒤집어 생각하면 지금 우리 사회의 정치나 교육이 잘못되어 있다는 말이거든."

"아빠, 그게 무슨 뜻이에요?"

내가 아빠에게 물었어요. 다른 아이들도 내 질문에 동조하는 얼굴이었어요.

아빠가 빙그레 미소를 지으며 말했어요.

"우리도 그렇지 않니? 부모님들이 자녀들을 나무랄 때 이러시잖아? '누구 좀 봐라. 책도 열심히 보고, 어려운 친구들도 잘 도와주고.' 그 말은 달리 표현하면, '넌 어찌 그리 공부도 안 하고, 친구들과 사이좋게 지내지 않니?' 라고 하는 것이거든."

아빠의 설명을 들으면서 또 한 가지 강한 의문점이 고개를 들었어요.

"그런데 아무리 생각해도 강유위가 100년도 넘는 옛날에 그런 얘기를 했다는 게 놀라워요. 그때도 유엔과 같은 게 있었을까요?"

"강유위가 《대동서》를 쓸 당시는 아니고 바로 그 얼마 후에 비슷한 기구가 생겼단다. 1907년 네덜란드의 수도 헤이그에서 만국평화회의가 열렸는데 거기에 수십 개의 나라가 참석했단다. 지금 유엔이 나오게 된 계기가 되었던 회의였지."

"아, 그랬군요."

나는 고개를 끄덕였어요.

"강유위는 그 회의 소식을 듣고 '세계정부'가 곧 이루어질 수 있을 거라고 믿었지. 그리고 생각해 봐라. 강유위가 《대동서》를 쓸 때 사람들은 그런 국제적인 회의 기구가 생기리라고 생각 못했을 거야. 그때에는 모두들 꿈같은 얘기라고 여겼겠지?"

아빠는 우리들을 둘러보며 잠시 말을 끊었다가 다시 이야기를 했어요.

"그렇지만 지금 유엔을 보면 세계의 모든 나라들이 거의 가입되어 있잖니? 그래서 세계적으로 중요한 일들도 모두 유엔에서 의논해서 결정하지. 그런 걸 보면 '이상'이란 게 어떨 때에는 꿈같은 얘기 같지만 또 언젠가는 현실도 될 수 있는 거야."

아이들은 아빠의 이야기에 완전히 빠져든 표정이 되었어요. 내 마음도 저절로 흐뭇해졌어요. 나이 많은 아빠라고 주눅 들었던 나날들이 꿈결처럼 느껴질 정도로요.

아빠가 이야기를 마무리했어요.

"'환상'이 도저히 현실적으로 일어날 수 없는 황당한 얘기라면, '이상'은 어떤 목적을 가진 이야기라고 볼 수 있지. 그런 목적이 있으니까 우리 사회가 발전하는 게 아닐까?"

아빠와 토론하다 보니 '나라'를 없앤다는 게 그리 황당한 얘기만은 아니라는 걸 알게 되었어요. 사실 미국이나 러시아 같은 큰 나라가 작은 나라를 힘으로 괴롭히는 것보다는 인류 전체가 하나의 큰 공동체에서 서로 사이좋게 사는 게 더 좋지 않을까요? 노래 가사에 나오는 대로 "We are the World"가 된다면 말이에요.

친구들을 배웅하러 집을 나왔을 때 영민이가 말했어요.

"너희 아빠 정말 대단하시다. 어쩌면 그렇게 아는 게 많으시니?"

"맞아, 맞아!"

다른 친구들도 고개를 끄덕이며 맞장구를 쳤어요.

"책을 많이 읽으시거든. 신문도 열심히 보시고."

나는 자랑스럽게 대답했어요. 친구들을 배웅하고 나서 집으로 돌아오는 발걸음이 그렇게 가벼울 수 없었어요.

2 자랑스러운 우리 아빠

크리스마스를 며칠 앞둔 어느 날이었어요.

"예? 그게 사실입니까?"

거실에서 전화를 받던 아빠의 목소리가 어찌나 컸던지 나는 컴퓨터를 하다 말고 거실로 나왔어요.

아빠는 누군가와 전화를 하면서 연방 감사하다고 인사하는 거예요.

"아빠, 무슨 전화예요?"

아빠의 얼굴에는 흥분과 감격이 가득했어요.

"세정아! 아빠가 드디어 해냈다! 당선이야, 당선!"

그 말을 듣고도 나는 그게 무슨 뜻인지 몰랐어요. 나는 어리둥
절한 얼굴로 아빠만 보고 있었어요.

"신춘문예에 당선됐다구! 방금 신문사에서 전화가 왔단다."

아빠는 기뻐서 어쩔 줄 몰라 했어요.

"예? 당선이라구요?"

안방에서 엄마도 뛰어나왔어요. 나는 그제야 우리 집에 무슨 일
이 일어났는지 알 수 있었어요. 아빠가 신춘문예에 소설로 당선되
었다는 거예요. 이제 새해 첫날이 되면 신문에 아빠의 사진과 이
름, 글이 실리게 된다지 뭐예요.

그날 우리 집은 완전히 잔칫집 분위기였어요.

나는 그날 저녁에 아빠와 엄마의 이야기를 듣고서야 그 동안 아
빠가 소설가가 되기 위해 얼마나 노력했는지를 알게 되었어요. 아
빠는 10년이 넘게 해마다 신춘문예에 소설을 투고했다고 해요.
그러나 계속 떨어졌다가 이번에 당당하게 당선된 거예요.

"아빠, 정말 축하드려요. 전 아빠가 해내실 줄 알았어요."

형도 진심으로 기뻐했어요.

하 마

신춘문예 당선작

▶ 회사에서 퇴직 후 부단한 노력으로 오늘의 영광을 맞게 되었다며 환하게 웃음을 지어 보이는 당선자.

열 번의 도전

끝에 결실 맺어...

▲ 밤낮없이 작품에 매달리고 있는 모습

나는 아빠에게 죄송한 마음이 들었어요. 나는 아빠를 여태까지 나이가 많고, 힘이 없으며 직장에서 퇴직하여 늘 집에서 쉬고 있는 사람으로만 생각해왔으니까요. 그런데 내가 모르는 동안에 아빠는 소설가가 되기 위해 쉬지 않고 노력했던 거예요. 언제나 손에서 책을 놓지 않았고, 자주 서점에 가서 다른 작가들의 글을 읽었을 뿐만 아니라 컴퓨터로 원고를 쓰고 또 썼다는 거예요. 그런데도 나는 아빠를 그저 힘없고 하는 일없는 어른으로 생각해서 가엾게만 여기다니…….

더구나 열 번이 넘게 떨어졌는데도 실망하지 않고 자신의 꿈을 놓치지 않았다는 건 본받을 만한 일이에요. 형이 늘 아빠를 존경한다고 말했을 때 그게 무슨 뜻인지 몰랐는데 이제야 그 의미를 알 수 있었어요.

새해 첫날이 되었을 때 나는 눈을 뜨자마자 신문부터 찾았어요. 아! 신문을 들쳐보니 아빠의 글이 신문 두 면을 완전히 차지하고 있었어요. 그리고 그 밑에는 낯익은 아빠의 사진과 당선 소감이 실려 있었어요. 우리 가족은 그 글을 읽느라고 아침도 늦게 먹었답니다.

"정말 잘 썼네요!"

엄마는 글을 읽으시더니 눈물을 글썽거리셨어요. 형도 정말 훌륭한 글이라고 아빠에게 말했어요. 그러나 나는 아빠의 글이 무척 어려워서 읽다 말았어요.

"허허허, 그래. 우리 세정이한테는 좀 어려울 거야. 잘 간직했다가 대학교에 들어가서 읽어 보렴. 아마도 그때가 되면 이해할 수 있을 거다."

아빠는 환갑을 맞게 되는 새해에 이보다 더 큰 선물은 없다고 말했어요.

그날부터 아빠는 우리 아파트의 유명 인사가 되었어요. 신춘문예 당선자 중에서 최고령자인데다가 열 번 떨어졌다가 붙었다고 해서 신문에 인터뷰 기사도 실렸기 때문이에요.

내 친구들도 이제 우리 아빠를 예전과 다르게 생각해요. 전에는 할아버지 같은 아빠라고 생각했다면 이제는 유명한 아빠로 생각하는 거예요. 더구나 내 생일 때 아빠의 이야기를 들었던 친구들은 우리 아빠를 더 좋아하며 대단하다고 생각해요.

"그럼 이제 너희 아빠는 책도 쓰시는 거니?"

"물론이지. 우리 아빠 이름으로 책도 나오고 그 책이 서점에 진열될 거야."

"야, 넌 좋겠다. 아빠가 그렇게 유명한 분이라서……."

친구들은 나를 진심으로 부러워한답니다. 그런 말을 들을 때면 나는 저절로 어깨가 으쓱해지고 하늘을 날아갈 것처럼 온몸이 가벼워져요. 정말 우리 아빠 아들인 게 자랑스럽답니다. 그리고 나도 그런 아빠를 본받아야겠다는 생각이 듭니다. 아빠가 아빠의 오랜 꿈을 놓치지 않고 열심히 노력했듯이 나도 파일럿이 되기 위해 노력하는 거예요. 그리하여 우리 아빠가 자랑스럽게 생각할 수 있는 훌륭한 아들이 되겠다고 다짐해 봅니다.

3 피부색이 달라도 사람은 모두 똑같다

"세정아, 나라나 가족이 없어지고 나면 모두가 하나 되는 세상을 만들 수 있을까?"

수리산 자락에 초록물이 들기 시작하는 새봄 주말입니다. 내가 사는 동네는 서울 근교의 신도시입니다. 여기에는 그리 높지 않으면서도 길게 뻗은 산자락이 있어 가족들과 함께 종종 같이 오르곤 해요. 산 이름은 수리산이고 '이치를 닦는 산'이란 뜻이래요.

이제 나는 새 학년이 되면서 우리 학교에서 가장 큰형이 되었어요. 이제는 6학년이니까요.

　모처럼 아빠와 함께 산에 올랐다가 등산로 중간쯤에 있는 약수
터에서 시원하게 물 한 잔을 마시고 한숨 돌리려던 참이었어요.
긴 나무 의자에 편안하게 앉아 있던 아빠가 문득 나에게 던진 질
문이에요. 나는 아빠가 왜 이런 질문을 하는지 알 수가 없었어요.

　"나라도 없어지고 가족도 없어지면 다른 문제가 뭐 있겠어요?
아빠도 그러셨잖아요? 가족 관계를 없애는 것이 그리 쉽겠냐고
요. 가족이나 나라보다 더 중요하고 심각한 관계가 어디 있어요?"

　"얼핏 생각하면 그렇지. 그런데 내가 얘기했잖니? 나라나 가족
이 없어지고 난 이후라고. 그 둘이 없어지고 나면 다른 문제가 없
을까?"

　"글쎄, 없을 것 같은데요."

　"잘 생각해 봐. 그렇게 아무렇게나 대답하지 말고."

　"아무렇게나 대답한 게 아니에요. 가족이나 나라보다 더 큰 문
제가 있을 것 같지 않아요. 힌트를 줘 보세요."

　"힌트? 좋아. 이 세상은 수백 개의 나라가 있지. 그런데 이걸 기
준으로 하면, 이 세상은 크게 셋으로 나눌 수 있어."

　나는 잠시 생각하다가 대답했어요.

"바다요! 태평양, 대서양, 인도양."

"음, 괜찮은 대답이기는 한데 대동과는 큰 관계가 없잖아. 우리가 사는 세상과 연관되는 걸로 말해야지."

"그러면 아시아, 아메리카, 오스트레일리아!"

"음, 가까워지긴 했는데 역시 정답은 아니야. 유럽과 아프리카는 왜 빠지지?"

"그러면 유라시아, 아메리카, 아프리카 아니에요? 오스트레일리아는 세 대륙에 비해서는 작으니까 빼고요."

"좋아. 그런 식으로 좀 더 인간에 가까운 걸로 한 번만 더 생각해 봐."

"음, 백인종, 황인종, 흑인종?"

"딩동댕! 생각보다 빨리 맞혔는 걸."

"어? 답이 그거였어요? 그게 뭐 가족이나 나라보다 더 어려운 문제예요?"

나는 정답을 말하고도 의아하게 생각되었어요.

"그렇게 생각하니? 잘 생각해 보렴. 나라나 가족이 없어진다고 해도 우리가 흑인이나 백인과 똑같다고 생각할 수 있겠어? 만약 인종 문제를 해결하지 못하면 아무리 같은 사회에 있다고 해도 완전한 의미에서 하나가 된다는 것은 불가능하지."

"에이, 그래도 아닌 것 같은데요. 미국을 보세요. 백인과 흑인, 그리고 우리나라 사람들도 다들 어울려서 잘 살잖아요?"

"미국? 그래 아빠도 미국을 비유로 들려고 했는데 잘 말했구나. 미국에서 노예 제도가 철폐된 지 백 년도 더 되었단다. 겉으로 보기에는 백인과 흑인, 그리고 아시아계가 아무런 차별이 없는 것 같지?"

"예, 그렇게 알고 있었어요. 이제 미국에서 인종차별은 없어졌잖아요."

"아니, 그렇지 않아. 아직도 미국의 여러 주에서는 흑인과 백인이 사는 지역이 다르단다. 같은 식당에서 식사하지도 않고, 학교도 다른 곳에 다니지. 서로 결혼하지 않는 건 말할 것도 없고. 그러한 인종 간의 갈등이 쌓이고 쌓여서 흑인들의 폭동이 일어날 때도 있지."

"그래요? 전혀 몰랐어요. 전 노예제도가 없어지면서 인종차별도 완전히 사라진 줄 알았어요."

"인종차별 문제가 흑인과 백인간의 문제만은 아니지. 요즘 들어 아시아 사람들이 이민을 많이 가면서 다른 인종들과의 갈등도 점차 늘어나고 있어."

들고 보니 아빠의 말이 맞는 것 같아요. 멀리 미국에서 찾아볼 필요도 없답니다. 우리나라에서도 요즘 외국인들을 쉽게 볼 수 있거든요.

가까운 예로 우리 반은 아니지만 4학년 때 같은 반 친구였던 세민이네 반에는 아버지가 파키스탄 출신인 어린이가 있어요. 아, 그런데 그 친구는 외국인이 아니에요. 요리사인 그 친구 아버지가 이미 한국으로 귀화했으니까요. 귀화가 뭐냐고요? 외국인이 한국인이 되는 시험이 있다고 하네요. 한국인이 되고 싶은 외국 사람이 한국의 역사, 문화 등에 관한 시험을 보고 이것을 통과하면 한국인이 되는 거래요.

"맞아요. 우리 학교에도 피부색이 다른 친구가 있어요. 저도 처음에는 외국인인 줄 알았는데, 그 친구나 부모님 모두 한국 사람이래요. 지금도 못된 아이들이 가끔 그 친구를 괴롭히곤 해요."

"그래. 친구의 피부색이 다르다고 해서 친구를 괴롭히는 것은 정말 나쁜 행동이란다. 사람은 다 똑같이 축복을 받고 태어났어. 그게 남자든 여자든, 또 그 사람 피부색이 하얗든 까맣든 노랗든 말이야. 피부색 때문에 사람을 차별하는 것만큼 어리석은 일은 없

단다."

"그래도 세상에는 그런 사람들이 많잖아요? 신문이나 텔레비전에서 보면 우리 아이들만 그런 게 아니던데요? 어른들도 우리 일을 도와주러 온 외국 노동자들을 구박하고 못살게 구는 일이 많다고 하던대요."

"그래. 네 말이 맞다. 정말 세정이보다 생각이 모자란 어른들도 많구나. 너희가 어른이 될 때쯤이면 그런 일이 없어야겠지. 강유위도 피부색이 다른 인종간의 갈등이 나중에 가장 큰 문제가 될 거라고 봤단다. 그래서 한 가지 해결 방법을 제시했지."

"뭔데요?"

잔뜩 호기심이 일어난 내가 얼른 물었어요. 아버지는 그런 내 모습을 재미있다는 듯이 보며 일부러 천천히 입을 열었어요.

"……결혼!"

"네?"

"국제결혼! 더 구체적으로 말하면 다른 인종간의 결혼이지. 강유위가《대동서》를 쓸 때만 해도 생물학에 대한 지식이 별로 없었나 봐. 그때야 다들 그랬겠지만. 그런데 강유위는 인간의 피부색이 음식과 주거 환경, 그리고 유전에 의해서 결정된다고 보았어."

"유전은 몰라도 음식과 주거 환경 때문에 피부색이 바뀐다는 건 말이 안 되는 것 같은데요."

나는 고개를 갸웃거렸어요.

"그때만 해도 생물학이 별로 발달하지 않았기 때문에 그런 생각을 할 수도 있었겠지. 그래서 음식을 가려 먹고 주거지를 옮기면 피부색이 바뀔 수 있다고 생각했어. 물론 다른 인종들끼리 결혼해서 혼혈을 만드는 게 결정적이라고 보기는 했지만 말이야. 그리고 이 주장은 현대 생물학적으로 어느 정도 맞는 얘기야."

"아유. 어느 세월에요? 백년, 천년이 지나도 될까 말까 하겠는데요."

"응. 강유위도 그렇게 생각했어. 그렇게 황인종, 백인종, 흑인종이 뒤섞여 결혼하다 보면 천 년쯤 지나서 완전히 새로운 종족이 탄생할 거라고 봤지."

"예에?"

처음에 나는 아빠가 농담을 한 줄 알았어요. 그런데 아빠의 눈가에 웃음기가 있기는 하지만, 표정으로 봐서 완전히 장난을 하는 건 아니었어요.

천 년이라! 아휴, 백 년도 까마득한데 천 년도 넘는 이야기를 하다니요.

"지금 생각하면 황당한 면도 있지. 그렇지만 인종 문제가 앞으로 인류에게 중요한 문제가 될 것이라고 예측한 건 대단하지 않니? 그때만 하더라도 서양이나 다른 인종과의 교류가 거의 없었을 때인데 말이야."

아빠의 말이 옳아요. 정말 강유위는 앞날을 내다보는 능력이 있는 사람이었나 봐요. 시대를 앞선 사람이라고 할까요.

"그러니까 우리가 대동이나 유토피아 이야기를 할 때에는 그 의미가 무엇인가를 생각해야 해. 그렇지 않으면 그저 허무맹랑한 얘기일 뿐이지. 강유위가 '인종차별 없는 하나의 인류'를 얘기한 것은 그가 그만큼 인류의 통합에 대한 기대가 컸다는 사실을 알려주는 거야. 그리고 100년도 훨씬 전에 그가 걱정한 인종 문제가 우리에게 현실로 드러났잖아? 그리고 이건 이제 우리나라에서도 중요한 문제가 되었지. 이 문제를 해결하지 못하면 우리 사회는 하나가 될 수 없는 거야."

그렇습니다. 대동사회란 게 매우 커서 어떻게 만들어야 하는지 막막해 보이지만 사실은 우리 사회의 차별을 없애는 데서 출발하는 거겠지요. 우리 학교에 있는 혼혈인 친구에 대한 차별하는 마음을 없애면 대동사회는 그만큼 더 가까워지는 겁니다. 아빠가 이 이야기를 꺼낸 이유도 거기에 있지 않을까요?

어, 내가 골똘히 생각에 잠긴 사이에 아빠는 어느새 휘적휘적 저만큼 앞서 가고 있네요.

낙원을 꿈꾸는 힘

　그리스 신화 중에는 '판도라의 상자' 이야기가 있습니다. 하늘을 지배하는 신 제우스는 프로메테우스가 신의 나라에서 '불'을 훔쳐 인간들에게 준 사실을 알고 크게 화를 냅니다. 이에 대한 제우스의 보복이 바로 '판도라의 상자'입니다. 제우스는 프로메테우스의 형제인 에피메테우스에게 인류 최초의 여자인 판도라를 시집보냅니다. 이때 그녀가 가지고 온 것이 바로 화산(火山)의 신이자 대장장이 신인 헤파이스토스가 만든 예쁜 상자입니다. 제우스의 마음에 의심을 품은 프로메테우스는 판도라에게 절대 그 상자를 열지 말 것을 신신당부합니다. 그렇지만 판도라는 호기심을 참지 못하고 결국 상자를 열어 보고 말지요.

　상자를 열자마자 그 속에 갇혀 있던 질병, 미움, 슬픔, 절망, 질투, 복수 등의 온갖 재앙들이 다투어 빠져나갔습니다. 그동안 평화롭게 살아가던 인간 사회가 온갖 고통에 휩싸이게 된 것도 이 때문이랍니다. 겁에 질린 판도라는 얼른 상자를 닫았습니다. 그러자 상자 속에 남아 있던 요정이 말합니다.

"판도라님, 내가 나가야만 고통에 빠진 사람들이 살아갈 수 있는 용기를 가질 수 있어요."

그 요정의 이름이 바로 '희망'입니다. 우리가 슬픔과 절망에 빠져 있다가도, 다시 세상을 살아갈 수 있는 힘을 가질 수 있는 것은 바로 '희망'이 있기 때문입니다. 내일은 오늘보다 더 좋은 일이 생길 거야. 그런 마음이 있기 때문에 살아갈 용기를 가지게 되는 것이죠. 우리가 낙원을 꿈꾸는 것도 이 '희망'이 있기 때문에 가능한 것일 겁니다.

대동, 동양의 유토피아

대동 이야기도 결국 이 '희망'의 이야기인 셈입니다. 낙원을 꿈꾸는 인간의 희망은 오래된 것입니다. 이런 이야기를 책으로 쓴 것은 서양에서는 플라톤이 지은 《이상국가》와 토마스 모어가 쓴 《유토피아》가 있습니다. 동양에서는 강유위가 쓴 《대동서》가 대표 작품이지요. 중국이나 우리나라에서는 이런 이야기들을 '대동'이라고 표현해 왔습니다. 서양

에서는 '유토피아'를 현실적으로 실현될 수 없는 '황당한 이야기'로 여긴 반면, 중국이나 우리나라는 '대동'을 이 세상에 만들 수 있다고 보았습니다.

가령 2천 년 전 맹자가 이야기한 '정전제'와 현재 중국에서 진행되는 '개혁 개방' 정책은 2천 년이라는 시간 차이가 존재합니다. 그렇지만 그 안에 흐르는 정신은 모두 이 '대동'입니다. 모두가 행복하게 살 수 있는 낙원을 만들어 보자는 것이지요. 이것은 현실과 낙원이 모두 이 세상에서 이루어진다는 동양 사상의 특징을 보여 주는 것입니다. 서양 사상을 중심으로 하는 기독교 사상은 이렇게 보지 않습니다. 낙원은 이 세상에 있는 것이 아니라, 하나님이 준비해 주신 '천국'에 있지요. 불교도 비슷합니다. 지금 우리가 살고 있는 세계는 온갖 고통과 슬픔으로 가득 차 있다고 보지요. 낙원은 우리가 죽은 후에 가는 극락세계에 있습니다.

그렇지만 동양 전통문화의 핵심인 유학 사상에선 낙원이 '천국'이나 '극락'에 있지 않습니다. 바로 우리가 살고 있는 이 세계에서 실현될 수 있다고 본 것이지요. 우리의 역사 속에 남아 있는 선비 정신의 근원도 바로 여기에 있습니다. 우리가 살고 있는 이 세상을 낙원으로 만들어야 한다는 강한 의식이 있었던 거지요. 우리에게도 강유위의 대동 이야기와 같은 이야기가 적지 않습니다. 다만 강유위처럼 《대동서》라는 책을 쓰지 않았을 뿐이지요.

그중 대표적인 것이 바로 최시형 할아버지의 '동학' 이야기입니다. 지금은 '천도교'라고 하는 '동학'은 강유위와 비슷한 시기에 우리나라에서 나온 이야기입니다. 그만큼 대동 이야기는 우리나라나 중국에 미친 영향이 큽니다.

모든 사람이 행복하게 사는 세상, 아마 그런 세상을 꿈꾸는 것은 우리가 살아가는 동안 멈출 수 없는 일일 겁니다. 왜냐하면 인간은 오늘보다 나은 미래를 바라고, 또 그런 희망이 있기 때문에 살아갈 수 있으니까요.

에필로그

2035년 인천 국제공항.

"오늘은 어디로 가세요?"

휴게실에서 한 스튜어디스가 미소를 지으며 묻습니다.

"미국 로스앤젤레스까지요."

"오늘은 날씨가 맑아서 비행하기에 참 좋아요."

"그렇군요."

나는 창밖을 보았어요. 끝없이 높은 가을 하늘이 한눈에 들어왔어요.

그때 내 휴대폰이 울리기에 얼른 전화를 받았어요.

"어, 형님!"

내 얼굴에 금방 미소가 떠올랐어요. 형이 오늘쯤 전화를 할 줄 알고
있었거든요. 며칠 후면 어머니 생신이라 모든 가족이 함께 모이기로 했

답니다. 두 사람 모두 바쁘다 보니 이런 기회가 아니면 모이기가 쉽지 않아요. 형과 나는 서울의 유명한 한정식 식당에서 함께 식사하기로 약속하고 전화를 끊었어요.

비행기에 탑승하기 위해 휴게실을 나왔어요. 탑승 게이트에는 많은 학생들이 모여 있었어요. 이제 해외여행이 흔해져서 학생들의 수학여행도 외국으로 가는 경우가 많답니다. 기대에 부푼 얼굴로 이야기를 나누는 그들의 모습을 보니 옛날의 내 생각이 났어요. 꿈과 희망이 가득했던 그때 그 시절이 그리워지는 순간이지요.

나는 비행기 조종석에 앉아서 이륙 준비를 했어요. 내가 왜 비행기 조종석에 앉아 있느냐고요? 어릴 때부터 꿈꾸었던 파일럿이 되었기 때문이지요.

아, 꿈의 방향이 조금 달라지기는 했군요. 전투기 조종사가 아닌 여객기 조종사니까요. 그러니까 하늘에서 나라를 지키는 파일럿이 아니라 사람들이 가고자 하는 장소로 안전하게 운반해 주는 파일럿이랍니다.

30여 년의 세월이 흐르는 동안 우리 집에도 많은 변화가 일어났어요. 형은 초등학교 교사로 일하다가 장학사가 되어 교육청에 근무하고 있어요. 한편 내 삶의 모델이었던 사촌형은 계속 군인의 길을 가고 있어요.

현재 사촌형은 공군 대령이랍니다.

그리고 아버지와 어머니……. 아, 아버지만 생각하면 마음이 아픕니다. 아버지는 내가 소위가 된지 얼마 안 되어 세상을 떠나셨어요. 가끔 아버지가 살아 계셔서 내가 조종하는 여객기를 태워 드리면 얼마나 좋을까 생각할 때가 있답니다.

어머니는 팔순이 넘었는데 시골의 전원주택에서 밭을 일구며 살고 계세요. 어머니의 건강이 걱정되긴 하지만 형이나 내가 시간이 날 때마다 어머니를 찾아뵈었어요.

드디어 이륙이 코앞에 다가왔어요. 쓰리, 투, 원, 제로……. 나는 마음속으로 천천히 카운트다운을 합니다.

활주로를 벗어나면서 공항이 점점 멀어지네요…….

비행기는 어느새 구름 위를 날고 있어요. 오늘같이 좋은 날씨는 비행하기에 큰 어려움이 없답니다. 까마득하게 내려다보이는 저 아래에는 수많은 나라들이 분포되어 있을 거예요.

땅 위에만 있을 때에는 모릅니다. 세상이 아무리 넓다고 해도 하늘에서 내려다볼 때에는 하나의 작은 마을에 불과하다는 사실을요. 땅에 있는 그 많은 나라들이 커다란 하나의 국가라면 그것은 정말 '지구촌'이라는 사실을요.

　그리고 지구를 하나의 마을이라고 생각한다면 세계는 진정으로 '하나'가 될 수 있을 거예요. 그것이야말로 옛 사람들이 꿈꾸었던 진정한 유토피아가 아닐까요?

통합형 논술
활용노트

01 제시문 (가)를 읽고, (나)에서 얘기하는 '이상'과 '환상'의 차이에 대해 자신의 생각을 적어 보시오.

(가)

"'유토피아'란 '어디에도 존재하지는 않는 곳'이라는 뜻을 갖고 있는 말이란다. 그러니까 쉽게 말하면 유토피아는 현실 세계에는 존재하지 않는 '상상의 세계'를 상징하는 거야. 그리고 그 상상의 세계에서 펼쳐지는 모습들은 사람들이 오래전부터 꿈꾸고 있었던 것들이란다. 서양의 토마스 모어란 철학자가 최초로 이런 생각들을 책으로 만든 것이 바로 《유토피아》란 책이야. 이 책이 나온 것을 계기로, 예전에는 모호하게 취급되었던 그런 꿈같은 세상에 대한 생각들을 묶어서 '유토피아 사상'이라고 부른단다."

"그런데 그건 서양 사람들이 생각한 거잖아. 너무 황당무계한 것 같은데?"

"아니야. 이건 단지 서양에서만 있었던 생각은 아니야. 우리나라와 중국, 일본에도 이런 생각들을 가진 사람들이 있었어. 이것들을 동양에서는 '대동사상'이라고 부르지. 아까 내가 말한 '전쟁이 일어나지 않기 위해서는 나라가 없어져야 한다'는 주장도 바로 이 대동사상에서 나온 말이야."

— 《강유위가 들려주는 대동 이야기》 중

(나)

"상상의 세계요? 그럼 《반지의 제왕》 같은 건가요? 거기에서라면 나라 같은 게 없을 수 있겠네요. 요정들도 나오고 하니까요."

아빠가 미소를 지으며 말했어요.

"이상과 환상은 다르지. 어떻게 똑같이 취급할 수 있니?"

"왜요? 제가 듣기에는 그게 그거 같은데요. 아저씨도 방금 말씀하셨잖아요. '상상의 세계'라고요. 어차피 현실에 있지 않은 것을 이야기하는 거잖아요. 그럼 강유위가 말했다는 그 '대동'이란 게 《반지의 제왕》과 뭐가 달라요?"

02 다음 글을 읽고 물음에 답하시오.

(가)

"모두들 자기 가족밖에 모르고 남에 대해서는 전혀 신경을 쓰지 않아. 남이야 어떻게 되든 말든 우리 가족만 잘 살면 된다, 남의 아이야 어찌 되든 말든 우리 아이만 공부 잘하고 출세하면 된다는 생각들로 가득 차 있거든. 며칠 전의 일도 그렇지 않니? 남들이야 방해를 받든 말든 우리 아이만 기죽지 않고 잘 뛰어놀면 된다는 생각 때문에 그 아저씨가 그렇게 행동했던 거야. 그런 아이들이 남에 대한 배려를 할 수 있겠니? 공중도덕이고 뭐고 나만 편하고 나만 재미있으면 된다는 마음으로 성장하게 될 거 아니냐."

― 《강유위가 들려주는 대동 이야기》 중

(나)

"대동 사회에서는 아이가 태어나면 바로 '공립 육아원'으로 보내져서 자라게 된단다. 엄마가 아이를 돌보는 것이 아니라 공공 기관에서 전문가가 키우는 거지. 거기에서 쭉 자라다가 유치원부터 대학까지 무료로 교육받게 되는 거야. 병원도 마찬가지로 모두 무료로 최고의 의료 서비스를 받게 되어 있지."
"그럼 탁아소와 비슷한 건가요?"

"글쎄, 사회 공공 기관에서 양육을 맡는 건 비슷하다고 할지라도 그 환경이나 시설은 훨씬 좋다고 봐야겠지. 쉽게 말하면 부모가 할 일을 나라와 사회에서 맡아서 한다고 보면 맞을 거야. 그러니까 부모가 맡아서 키울 때보다는 차별적인 요소는 많이 사라지겠지."

-《강유위가 들려주는 대동 이야기》중

1. 여러분은 '가족'에 대해 생각해 본 적이 있나요? '가족 이기주의'라는 말이 무슨 뜻인지 적고, 여러분의 경험에 비추어 강유위가 왜 가족제도를 폐지하자고 주장했는지 그 이유를 써 보시오.

2. 제시문 (나)를 읽은 후, 아이를 공공 기관에서 키우는 것에 대해 여러분의 생각을 적어 보시오.

통합형 논술
문제풀이

01 우리가 슬픔과 절망에 빠져 있다가도 다시 세상을 살아갈 수 있는 힘을 가질 수 있는 것은 바로 '희망'이 있기 때문입니다. 대동사상이나 유토피아는 모두 이 '희망'에 관한 이야기입니다. 모든 사람이 행복하게 사는 세상을 꿈꾸는 것은 인간이 가진 특징 중의 하나입니다. 그리고 그러한 꿈은 인류가 오늘보다 나은 미래를 만드는 밑거름이 되어 왔습니다. 사람들이 생각하는 어떤 꿈을 이야기한다는 점에서 '이상'과 '환상'은 같습니다. 그렇지만 환상은 현실에서 도저히 일어날 수 없는 이야기들입니다. 요정이나 괴물, 도깨비 같은 이야기들이지요. '이상'은 이와 다릅니다. '이상'은 지금은 불가능해 보이지만, 우리가 노력하면 언젠가는 이뤄질 수도 있는 꿈입니다. 나라가 없어진다는 것은 얼핏 꿈같은 얘기로 들리지만, '유엔'과 같은 국제기구가 발전하면 그런 일이 일어날 수도 있습니다. 그때가 되면 전쟁과 같은 참혹한 일이 생기진 않을 것입니다. '환상'이 도저히 현실적으로 일어날 수 없는 황당한 얘기라면, '이상'은 구체적인 목적을 가진 이야기입니다. 그런 목적을 가진 이상이 있어서 우리 사회가 발전하는 것입니다.

02 1. 가족은 우리 사회를 이루는 가장 기본적인 요소입니다. 가족 이기주의는 자기 가족의 이익만을 생각하고, 다른 사람들을 생각하지 않는 태도입니다. 지하철에서 시끄럽게 떠드는 아이를 본 적이 있습니다. 아이는 이리저리 뛰어다니며 조용한 객차 안을 온통 어수선하게 만들었습니다. 어떤 할아버지가 그런 아이를 나무라시자 아이 엄마는 오히려 아이 기를 꺾는다며 화를 냈습니다. 이런 태도는 모두 자신의 가족만을 위하는 이기주의에서 나온 것입니다. 강유위가 가족제도를 없애자고 한 것은 바로 자신의 가족만을 생각하는 태도에서 벗어나 사람들이 서로 배려하고 아껴 주는 사회를 만들려는 생각에서 한 얘기일 것입니다.

2. 오늘날 우리 사회는 핵가족이 점점 늘

고 있습니다. 그리고 많은 가정들은 맞벌이를 하고 있습니다. 엄마가 직접 아이를 맡아 기르는 가정은 점차 줄어들고 있습니다. 엄마가 아이를 직접 키우면 가족 간에 따뜻한 애정을 가지게 됩니다. 세상에 엄마의 사랑보다 더 좋은 사랑은 없습니다. 그렇지만 우리 사회의 현실은 그렇지 못합니다. 아이가 사회에 꼭 필요한 사람으로 성장하기 위해선 엄마의 사랑과 함께 공공기관의 교육 환경이 더욱 좋아져야 합니다. 가난한 집의 아이나 부잣집의 아이나 모두 좋은 시설을 갖춘 유치원에서 부담 없이 교육받을 수 있는 사회가 되었으면 좋겠습니다.